스타트업 세무산책

창업에서 투자, EXIT까지 스타트업을 위한 실전 세무 가이드

창업에서 투자, EXIT까지
스타트업을 위한 실전 세무 가이드

스타트업
세무산책

 노기팔, 임방진, 한준호 지음

매일경제신문사

프롤로그

"세무는 창업자의 언어가 아니다?"

어느 흔한 첫 미팅

수화기 너머로 들려오는 대표님의 목소리에는 자신감이 넘쳤다.

"회계사님, 저희가 이번에 O2O 플랫폼 법인을 세웠습니다. 아이템은 확실하니, 이제 매출 올리는 데만 집중하려고요."

법인 설립은 마쳤고, 첫 투자 계약도 앞둔 유망한 스타트업이었다. 나는 법인등기부등본과 사업자등록증을 검토하며, 마음속으로 수도 없이 반복했던 체크리스트를 그렸다. 그리고 조심스럽게 물었다.

"대표님, 혹시 첫 계약금은 법인 통장으로 수령하셨는지요?"
"직원분 급여 신고는 어떻게 진행하고 계십니까?"
"매입하신 비품이나 용역에 대한 세금계산서는 잘 챙겨두셨나요?"

짧은 침묵 끝에 돌아온 대답은 예상했던 그대로였다.

· 첫 계약금 수백만 원은 법인 계좌가 아닌 대표 개인 계좌에 잠들어 있었고,
· 직원은 채용했지만, 4대보험은 물론 원천세 신고라는 개념 자체가 없었으며,
· 비용 증빙이라고는 카드 매출전표 몇 장이 전부였다.

· 의욕적인 시작과 달리, 회사의 세무시계는 아직 첫 초침도 움직이지 않은 상태였다. 멋쩍게 웃으시던 대표님이 마지막 한마디를 덧붙였다.

"원래 그런 건… 나중에 회계사님이 다 알아서 정리해주시는 거 아닌가요?"

물론, 수습은 가능하다. 하지만 여러 스타트업의 흥망성쇠를 지켜본 전문가로서, 세무 리스크를 '나중에 정리'하는 데는 혹독한 대가가 따른다는 것을 잘 안다. 그것은 단순한 가산세가 아니라, 기회비용과 신뢰의 상실까지 포함하는 '세금 폭탄'의 시작 신호임을 말이다.

세금, '나중'은 없다

아이디어, 기술, 팀 빌딩, 투자 유치… 숨 가쁘게 달려가는 스타트업에게 세무는 늘 성가신 뒷전이다. '매출도 없는데 무슨 세금'이냐며, '일단 벌고 나서 생각하자'며 미뤄두기 일쑤다. 하지만 세법상의 의무는 사업자등록 버튼을 누르는 순간부터 발생한다. 그리고 방치된 세무 리스크는 생각보다 빠르게, 그리고 훨씬 큰 문제로 창업자의 발목을 잡는다.

· 매출 누락으로 인한 부가가치세 및 법인세 추징, 신고·납부 불성실 가산세

· 대표이사 가지급금, 가수금 문제와 인정이자 계산이라는 예기치 못한 복병

· 증빙 없는 비용으로 인한 법인세 부담 증가

· 창업자금 출처 소명 요구와 증여세 리스크

· 스톡옵션 부여·행사 시점의 세무처리를 몰라 핵심 인재에게 안겨주는 세금 폭탄

이 모든 것이 '나중에 정리'하려다 맞닥뜨리게 되는 현실이다.

이 책이 전하는 단 하나의 메시지

"세무는 비용이 아니라, 성장을 위한 투자이자 가장 강력한 방어 전략입니다."

'세무는 전문가에게 맡기면 그만'이라는 생각은 소중한 자산을 가장 빠르게 소진시키는 착각일 수 있다. 공인회계사나 세무사는 장부상의 '과거'를 정리하지만, 회사의 '미래'를 결정하는 것은 창업자 본인이기 때문이다. 창업자의 기본적인 세무 지식은 회사의 미래를 지키는 가장 중요한 방패이자, 성공적인 투자

유치와 EXIT을 위한 핵심 레버리지다.

그래서 이 책은…

지난 수년간 스타트업, 중소·중견기업의 자문과 M&A, 가업승계 현장에서 마주했던 질문과 위기 상황들을 한 권에 담아낸 실전 지침서다. 창업 첫날의 사업자등록부터, 숨 가쁜 운영 단계를 거쳐, 화려한 EXIT의 순간에 이르기까지. 각 단계별로 반드시 마주하게 될 세무 이슈를 창업자의 눈높이에서 풍부한 사례 중심으로 풀어냈다.

이제 이 책과 함께 '세무산책'을 시작해보길 바란다. 복잡한 세법의 숲에서 길을 잃지 않고, 절세라는 열매를 맺으며, 성공이라는 정상까지 안전하게 오를 수 있도록, 든든한 가이드가 되어드리고자 한다.

목 차

프롤로그 – 세무는 창업자의 언어가 아니다?   •4

Part 1 | 창업의 문을 열며 :
　　　 창업자의 필수 세무 체크리스트

사업자 유형과 등록 시 유의사항: "개인으로 시작해도 되지 않나요?"   •14

창업 단계의 세무 절차와 필수 신고: "사업자등록만 하면 다 된 줄 알았어요…"   •23

부가가치세, 종합소득세, 법인세의 기본 개념: "기본을 알아야 사업하지"   •28

출자금과 차입금: "대표이사가 빌려준 건데, 왜 이자를 줘야 하죠?"   •41

창업자 대상 세액감면 제도: "미리 알았으면 몇백만 원은 아꼈을 텐데…"   •48

스톡옵션, 경영인 보험의 세무상 처리: "비용 인정이 안 된다고요?"   •57

정부지원금의 회계·세무처리: "그건 과세 안 되는 돈 아닌가요?"   •61

4대보험과 '상시근로자'의 개념: "직원이 1명인데도 4대보험을 가입해야 해요?"   •66

자체기장 vs. 외부기장: "그냥 내가 엑셀로 정리해도 되잖아요?"   •72

[쉬어가는 페이지] 이 대표, 배당세 분리과세 꼭 해야겠소?   •85

Part 2 | 살아 있는 회사 만들기 :
운영 중 꼭 챙겨야 할 세무와 회계 실무

증빙·영수증 관리가 절세의 시작이다: 영수증 보기를 돈같이 하자　•94

접대비 처리의 실무 팁: "다 업무 관련인데 왜 비용처리가 안 되죠?"　•100

급여·수당·퇴직금의 원천징수: "급여만 줬는데 왜 가산세가 나와요?"　•106

법인카드와 대표 개인카드, 어디까지 허용될까?　•111

부가세, 법인세, 원천세 신고 스케줄: "아…신고 기한을 놓쳤어요"　•118

간이과세자→일반과세자 전환: "매출이 늘어서 좋긴 한데, 세금이 왜 이래요?"　•122

IT·앱·구독 기반 스타트업의 회계 이슈: "SaaS인데, 어디까지 매출로 잡나요?"　•131

중고 주얼리 위탁판매의 3자 셈법: 반짝였던 거래, 세무에서 막히다　•135

예상치 못한 관세: 이익이 증발하다　•141

R&D 비용의 회계처리와 세액공제 전략: "연구개발도 하고, 세금도 공제받고"　•147

직무 발명 보상금과 무형자산 세무처리: "특허 냈는데, 세금이 붙나요?"　•158

정부지원과 고용창출 세액공제: "지원금 받았는데, 세금도 줄어드나요?"　•163

[쉬어가는 페이지] 금투세를 다시 생각하다　•168

Part 3 | 성장을 준비하는 1~3년 차 :
투자와 제도 활용의 골든타임

통합고용세액공제: "채용하면 세금을 돌려준다?"   •180
중소기업에 대한 특별세액감면: 1억 원 절세 비법   •190
벤처기업 확인: 투자자에게 세금 혜택을 선물하라   •196
주식 관련 이슈 ①: 스톡옵션 부여와 행사 시 세금   •201
주식 관련 이슈 ②: RCPS 발행 시 회계·세무 쟁점   •205
[쉬어가는 페이지] 대기업 도입 RS 제도, 경영승계 악용 소지 있을까   •209

Part 4 | 외부감사, 세무조사 :
회사의 체질을 바꾸는 단계

외부회계감사 대상이 되면 달라지는 것들   •222
IR 준비를 위한 실사 체크리스트: 단순히 숫자만 보지 않는다   •229
스타트업 CFO가 꼭 알아야 할 세무리스크   •234
세무조사 대응전략: "세무조사 나왔는데, 저 잡혀가나요?"   •238
[쉬어가는 페이지] 개정될 상법은 무자본 M&A 막아낼까?   •243

Part 5 | EXIT를 준비하며 :
상장, 매각, 승계의 세무 전략

법인 M&A: 양수도 vs. 합병·분할의 세금 전략 ·252
개인사업자 → 법인 전환: 현물출자와 이월과세 전략 ·256
창업자금 증여세 특례: 10억 원 세금을 0원으로 ·266
벤처기업 EXIT, 세금 혜택 총정리 ·275
상속·증여세를 줄이는 중장기 플랜 ·279

에필로그 – 세무는 선택이 아니라, 생존이다 ·283

PART 1

창업의 문을 열며 :
창업자의 필수 세무 체크리스트

사업자 유형과 등록 시 유의사항 :
"개인으로 시작해도 되지 않나요?"

• 에피소드

요즘 창업의 꿈에 부풀어 있는 나미래 군. 그는 대학 졸업 후 5년 동안 그래도 나름 중견기업에서 열심히 일해왔다고 자부한다. 그러나 그의 진정한 꿈은 월급쟁이가 아니라 자신만의 사업을 펼치는 것이었다. 회사에서 5년 동안 일하며 조직 운영 원리를 익히고, 다양한 업무를 경험했으며, 멋진 리더가 되려면 어떻게 해야 하는지도 고민해보았다. 그뿐만 아니라 창업 아이디어를 구체화해서 사업계획도 다듬었고, 창업 후 어떻게 사업을 키워나갈지 수차례에 걸쳐 플랜을 정교화했다. 나중에 사업이 잘되면 한 팀으로 함께 일하자는 우군들도 여럿 확보해놓았다. 이제 월급쟁이를 그만두고 자신만의 사업을 창업할 단계에 온 것이다.

사업자등록을 하려던 나미래 군은 문득 개인사업자로 창업할지, 법인을 설립해 시작할지가 고민으로 다가왔다.

"도대체 개인사업자와 법인 중 무엇이 더 나은 거지? 일단 개인사업자로 시작했다가 나중에 법인으로 전환해야 하나? 아니면 처음부터 법인으로 시작하는 게 좋을까?"

• 해설

○ 개인사업자와 법인, 무엇이 더 유리한가?

나미래 군의 물음에 대한 획일화된 정답은 없을 것이다. 즉, 창업자는 사업 전략, 사업 구조, 향후 사업 전개 방식 등을 고민하고, 그에 따라서 개인사업자든 법인이든 선택해야 할 것이다. 그러면 개인사업자와 법인의 상황별 장단점을 연구해보자.

구분	개인사업자	법인	비교
창업과 폐업(청산)의 난이도	창업 절차가 단순함. 폐업 절차도 간단함.	법인 설립 절차가 복잡함. 상법에 따라 법인 설립을 해야 하기 때문. 법인을 청산하기까지 복잡한 절차가 존재함.	법인 설립과 법인 청산이 개인사업자보다 더 복잡함.
대외적 신용도	(법인에 비해)대외적 신용도가 낮음. 개인사업자가 참여 불가한 사업도 있음.	(개인사업자에 비해)대외적 신용도가 높음.	법인으로 사업하는 것이 더욱 유리함.

구분	개인사업자	법인	비교
사업 책임	대표자는 사업의 모든 채무에 대해 무한 책임을 부담하며, 개인 자산이 채무 변제에 사용될 수 있음.	주주가 투자한 자본만큼의 책임을 지며(유한 책임), 개인 자산은 보호됨. 즉, 법인이 채무를 지더라도 주주 개인 재산은 원칙적으로 보호됨. 마찬가지로 법인의 자산은 주주나 대표이사의 자산이 아니므로 마음대로 주주나 대표이사 개인적 목적으로 사용할 수 없음.	개인사업자는 무한책임, 법인사업자는 유한책임
소득에 대한 세금, 세율	종합소득세, 세율 6~45%(8단계)	법인세, 세율 9~24% (4단계) 단, 2025년 세법 개정안에 따르면 세율 변경 가능 (10~25%, 4단계)	세율만으로 판단하자면 법인이 유리함.
자본 조달	개인 자산이나 대출을 통해 자본을 조달해야 하므로 자본 조달의 한계가 있음. 대규모 자금 조달 곤란	주식을 발행해 자본 조달 가능. 외부 투자자나 벤처캐피탈 등으로부터 투자 자금을 유치할 수 있어서 자본 조달 방식이 다양함.	사업 확장과 대규모 투자를 위한 자본 조달의 경우 법인이 유리함.
운영 및 관리	개인이 모든 의사결정을 내리므로 의사결정이 신속할 수 있음.	법인 운영 및 관리를 위해 이사회와 주주총회 등 구조와 절차가 필요함. 경영진과 주주(소유주)가 분리되어 있음.	양자 상호 장단점이 있음.
이익금 사용의 편리성	사업에서 벌어들인 이익을 자유롭게 사용할 수 있음.	법인의 이익을 주주 또는 대표이사가 자유롭게 사용 불가. 대표이사에게 인건비를 지급하거나 주주에게 배당을 지급하기 위해서는 법적 절차나 회사 내부 규정을 따라야 함.	개인사업자가 편리한 면이 있으나, 양자 상호 장단점이 있음.

이제 개인사업자로 창업할지, 법인을 설립해 사업을 창업할지를 정했

다면, 다음으로 국세청에 사업자 등록 신청을 해 사업자등록증을 교부받아야 한다. 우선 사업자등록은 어떻게 하는지부터 알아보자.

○ 사업자등록 신청, 별거 아니다

사업자등록 신청은 세무서를 방문해 서류를 접수하는 방법과 온라인상에서 홈택스를 통한 신청 방법이 있다.

제출할 기본 서류로는 사업자등록 신청서와 신분증이다. 그리고 상황에 따라서 다음과 같은 추가 서류가 필요하다.

· 대리인이 사업자등록을 신청하는 경우에는 위임장
· 사업장을 임차해 사용하려는 경우에는 임대차계약서 1부
· 인허가 또는 신고가 필요한 사업인 경우에는 인허가증이나 신고서 1부
· 개인사업자의 경우 : 2인 이상 공동사업장일 경우에는 공동사업 사실을 증명하는 서류(인감증명이나 공증된 동업계약서 첨부)
· 법인인 경우 : 정관, 주주명부, 법인등기부등본[1]

홈택스를 통해도 쉽게 사업자등록 신청이 가능한데, 국세청 홈택스에 로그인한 후에, 다음 화면을 참고해 사업자등록을 할 수 있다.

---

[1] 즉, 법인 설립의 경우 법인 설립등기를 먼저하고 사업자등록 신청을 하게 됨.

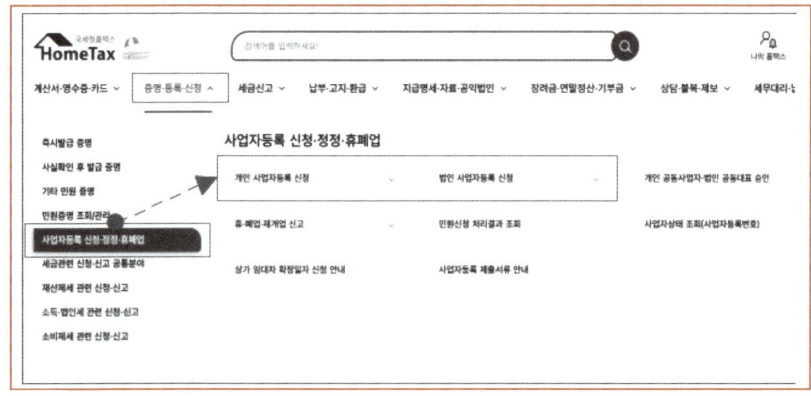

사업자등록증은 신청 후 2일 이내에 발급 가능하다.

이제, 사업자등록 신청과 관련해 주의할 사항들을 차례로 정리해보자.

○ 사업자등록을 신청하지 않고 사업을 계속하게 되면?

사업을 하려는 사업자는 사업장마다 사업 개시일로부터 20일 이내에 사업장 관할 세무서장에게 사업자 등록을 신청해야 한다(부가가치세법 제8조). 만약 사업자등록을 해야 하는 자가 사업개시일로부터 20일 이내에 사업자등록을 신청하지 않고 사업을 하는 경우 등에는 다음과 같은 미등록가산세가 따른다.

미등록가산세 = 공급가액의 합계액[2] X 1%(0.5%[3])

---

[2] 사업개시일로부터 등록을 신청한 날의 직전일까지의 공급가액의 합계액
[3] 사업자등록 신청 기한이 지난 후 1개월 이내에 신청하는 경우는 0.5% 적용

○ 사업자등록 신청할 때 내 사업이 인허가가 필요한 사업인지 확인하는 방법

앞서 설명했듯이, 사업자등록을 신청할 때는 인허가나 신고가 필요한 사업이라면 인허가증이나 신고서를 구비해 첨부 서류로 제출해야 하는데, 내가 수행하려는 사업이 그러한 사업에 해당하는지 홈택스에서 확인해볼 수 있다. 다음 화면을 보면, '인허가 서류 조회'라는 버튼이 있고, 그 버튼을 눌러서 인허가사업 제출 서류를 검색 가능하다.

출처 : 홈딕스

○ 정관에 기재하는 목적사업은 가급적 포괄적으로 작성하자

사업자등록증에는 영위하는 사업의 업태와 종목이 표시된다. 따라서 처음 사업자등록증을 발급받은 뒤, 나중에 사업을 확장하거나 새로운 사업을 수행하려는 경우, 사업자등록증에 기재된 업태와 종목을 추가해야 할 수도 있다. 이때 문제는, 사업자등록증상 업태와 종목을 추가하려는 경우에는 반드시 정관과 법인등기부등본상 기재된 목적사업을 벗어날 수 없다는 점이다. 즉, 정관과 법인등기부등본상 목적사업에 포함되지 않은 사업을 사업자등록증에 추가하려고 할 경우에는 우선 정관과 법인등기부등본에서 목적사업을 추가해야 한다.

정관을 변경하려면 상법에 따라 주주총회의 특별결의가 필요하다. 따라서 최초 정관을 작성할 때 목적사업의 범위를 협소하게 정하지 않고, 포괄적으로 기술하는 것이 좋다. 창업 초기에는 당장 수행하지 않더라도 장래에 수행할 계획이 있는 사업들은 모두 목적사업으로 기재해두면 좋다. 그렇게 해두면 사업자등록증에 업태와 종목을 추가하려고 할 때 굳이 주주총회 특별결의를 통한 정관 수정 절차까지 거치지 않아도 될 것이다.

○ 사업장을 임차해 임차보증금이 있는 임대차계약을 체결한 경우, 사업자등록을 신청할 때 확정일자를 받아놓자

사업장이 임차보증금이 있는 계약 형태라면, 세무서로 가서 사업자등록을 할 때 임대차계약서 원본을 가지고 가서 확정일자를 받을 수 있다. 상가건물임대차보호법 제5조 제2항에 따르면, 건물의 일부를 임차하고 사업자등록을 한 사업자가 세무서장으로부터 확정일자를 받아놓으면,

임차한 건물이 경매나 공매로 소유권이 넘어가는 경우에도 확정일자를 기준으로 후순위권리자에 우선해서 임차보증금을 변제받을 수 있다.

다만, 확정일자 신청 대상은 환산보증금이 지역별로 다음 금액 이하일 때에만 가능하고, 이 환산보증금을 초과할 때에는 전세보증금 설정등기를 해야 할 것이다.

지역	환산보증금[4]
서울특별시	9억 원
수도권정비계획법에 따른 과밀억제권역 (서울특별시는 제외한다), 부산광역시	6억 9,000만 원
광역시(수도권 과밀억제권역과 군지역 제외, 부산광역시 제외), 안산시, 용인시, 김포시, 광주시, 세종특별자치시, 파주시, 화성시	5억 4,000만 원
기타 지역	3억 7,000만 원

○ 사업장 주사무소(또는 본점) 소재지를 어떻게 정해야 할까?

사업을 수행하는 장소가 사업장이며, 실제 사업을 수행하는 소재지를 사업자등록증에 기재해야 한다. 사업장이 임차한 사무실일 수도 있으나, 일부 사업의 경우에는 사업자의 집에서 사업을 수행할 수도 있다. 요즘

---

[4] 임차보증금 + 월세 X 100

소위 유튜버라고 불리는 사업자들은 미디어를 창작하는 사업을 수행하는데, 이러한 사업은 집에서도 충분히 가능하다. 이 경우, 사업자등록증에 사업장 소재지를 집 주소지로 기재해야 한다. 법령상 집을 사업장으로 하는 것을 막는 규정은 없으므로, 집을 사업장 소재지로 선택할 수 있다.

또한 조세특례제한법 제6조를 보면, '창업중소기업을 위한 세액감면'이라는 큰 세제 혜택이 규정되어 있는데, 이는 창업자들의 초기 사업을 지원하기 위한 제도다. 이 세제 혜택은 사업장 소재지가 어디에 있는지에 따라 세액감면 규모가 달라지므로, 창업자들은 사업장을 정할 때 이 규정을 충분히 연구해 조금이라도 더 많은 세액감면 혜택을 많이 받을 수 있는 지역을 선택하는 것이 바람직하다.

• 마무리 요약

향후 사업수행계획에 기초해 개인사업자와 법인 중 어떤 유형을 선택할지 현명하게 판단하고, 사업자로서의 첫걸음이라 할 수 있는 사업자등록도 여러 가지 사항을 검토해 반드시 기한 내에 신청하는 것이 중요하다.

창업 단계의 세무 절차와 필수 신고 :
"사업자등록만 하면 다 된 줄 알았어요…"

• 에피소드

"대표님, 관할 세무서에서 부가가치세 무신고에 따른 과세자료 해명 안내 및 과세예고통지서가 발송되었습니다."

AI 기반 디자인 솔루션을 개발하던 L대표는 법인 설립 후 1년 가까이 세무를 '남의 일'처럼 여겨왔다. 사업자등록증도 나왔고, 모든 계약과 매출 대금도 법인 명의로 처리했으니 문제없을 거라 생각했다. 장부 작성이나 세금 신고는 나중에 매출이 본격적으로 발생하면 그때 가서 처리할 '귀찮은 일' 정도로 미뤄두었다.

그러던 어느 날, 세무서로부터 등기우편 한 통이 날아왔다. 봉투를 뜯는 순간, 눈앞이 캄캄해졌다.

> **[부가가치세 무신고 안내 및 과세예고통지]**
> 귀하는 2024년 제2기 부가가치세 확정신고를 이행하지 않았습니다.

아래와 같이 과세될 예정이오니, 소명자료가 있는 경우 통지를 받은 날부터 30일 이내에 제출하시기 바랍니다.

- 납부할 본세 (매출세액 – 매입세액) : 3,500,000원
- 신고불성실가산세: 700,000원 (무신고, 납부세액의 20%)
- 납부지연가산세: 127,750원 (미납세액 × 경과일수 × 2.2/10,000)
- 세금계산서 관련 가산세 (미발급 등): 별도 검토 후 추가될 수 있음.
- 총 고지예상세액: 4,327,750원

L대표는 부랴부랴 공인회계사를 찾았고, 당황한 표정으로 말했다.

"매출이 아직 많지도 않은데, 세금 신고를 벌써부터 해야 하나요? 사업자등록만 하면 국세청에서 다 알아서 해주는 줄 알았어요…."

• 해설: 사업자등록은 시작일 뿐, 신고까지는 기본이다

사업자등록은 사업의 출발선일 뿐이다. 이후에도 다음과 같은 신고 및 등록 절차를 반드시 따라야 한다.

○ 창업 직후 세무 절차(체크포인트)

절차	설명	시기
① 사업자등록 신청	세금계산서 발급, 매입세액공제 등 세법상 권리를 행사하기 위한 전제조건. 홈택스 또는 세무서 방문 신청	사업 개시일로부터 20일 이내. 개시 전에도 가능. 미등록 시 매입세액 불공제 및 가산세 부과

절차	설명	시기
② 4대보험 사업장 성립신고	대표이사 1인만 있어도 의무가입 대상. 직원의 안정적인 고용환경을 보장하고, 관련 정부지원금 신청 자격을 갖춤.	최초 근로자 채용일(또는 법인 설립일)로부터 14일 이내 4대보험공단에 신고
③ 법인·사업용 계좌 개설	회사의 자금 흐름을 개인 돈과 명확히 분리해 투명성을 확보하고, 세무조사 시 자금 출처 소명의 기초자료로 활용	사업자등록증 발급 즉시 개설 후 홈택스에 '사업용계좌'로 반드시 등록해야 함.
④ 법인인감 & 인증서 발급 (법인의 경우)	법인 명의 또는 개인사업자용 계좌 개설	전자계약, 전자신고, 금융거래 등 모든 업무의 필수품
⑤ 홈택스 가입 및 공인인증서 등록	법인인감증명서, 전자세금계산서용 공동인증서 등	사업자등록증 발급 즉시 가입 및 등록 권장
⑥ 세무대리인(공인회계사/세무사) 선임	전자세금계산서 발급, 각종 세금 신고·납부, 증명원 발급 등 모든 전자세무의 관문	창업 초기부터 함께하며 회사의 재무 히스토리를 관리해나갈 파트너를 찾는 것이 중요

○ 주요 세목별 신고 일정(12월 결산 법인 기준)

세금 종류	신고·납부 시기	대상 및 핵심 내용
원천세	매월 10일(급여 등 지급일이 속하는 달의 다음 달)	임직원 급여, 프리랜서 인건비, 사업소득 등 지급 시 원천징수한 세액 신고·납부
부가가치세	1기: 예정 4.25 / 확정 7.25 2기: 예정 10.25 / 확정 다음 해 1.25	법인사업자는 분기별 신고가 원칙 (단, 직전 과세 기간 공급가액 1.5억 원 미만 소규모 법인은 4월, 10월 예정신고 대신 세무서에서 발송하는 예정고지서에 따라 납부)
법인세	중간예납: 8.31 확정신고: 다음 해 3.31	법인사업자의 1년간 사업 성과에 대한 세금. 12월 결산 법인 기준
지방소득세	법인세분: 4.30 / 종소세분: 5.31	법인세·종합소득세 신고 후, 해당 세액의 10% 수준을 관할 지차체에 별도 신고·납부
종합소득세	매년 5.31	개인사업자의 1년 간 사업 성과에 대한 세금

○ 일정에 따른 세금 신고 정리(12월 결산 법인 기준)

신고/납부일	세금 종류	내용	비고
매월 10일	원천세	임직원 급여, 프리랜서 인건비 등 지급 시 떼어둔 세금 신고·납부	지급일이 속하는 달의 다음 달 10일까지. 직원이 없어도 대표이사 급여가 있다면 신고 대상
1월 25일	부가세 확정신고 (전년도 2기)	전년도 7~12월분 매출/매입에 대한 부가세 정산	여기서 놓친 매입세액은 환급받지 못함.
3월 31일	법인세 신고·납부	작년 1년간의 사업 성과 (순이익)에 대한 세금 최종 정산	1년치 장부 마감을 통해 법인세가 확정되는 중요한 신고
4월 25일	부가세 예정신고 (당해 1기)	1~3월분 부가세 신고 또는 고지세액 납부	신설법인 등은 예정신고 의무가 면제될 수 있으나, 환급 발생 시 조기환급 신고 가능
4월 30일	지방소득세 신고·납부	3월에 납부한 법인세의 10%를 관할 구청·시청에 신고	법인세 신고와 별개로 반드시 신고해야함. 놓치면 가산세 대상
7월 10일	원천세 (반기납부자)	1~6월분 원천징수한 세금 신고·납부	상시근로자 20인 이하라면 행정부담을 줄이는 꿀팁(별도 신청 필요)
7월 25일	부가세 확정신고 (당해 1기)	1~6월분 부가세 최종 정산	
8월 31일	법인세 중간예납	상반기 실적에 대한 법인세 중간 납부	신설법인 등은 첫해에 중간예납 의무는 없음.
10월 25일	부가세 예정신고 (당해 2기)	7~9월분 매출·매입에 대한 부가세 정산	

• 실무 TIP

○ 매출이 없어도 '무실적 신고'는 의무

· 신고 누락은 불성실 신고 가산세(20%) 및 납부불성실 가산세(0.022% × 일수)로 이어진다.

· 미신고 시 매입세액공제 불가, 감면 혜택 배제 등의 손해도 발생한다.

· 홈택스에서 5분이면 가능. 무실적 신고를 해야만 ① 불필요한 과세예 고통지를 받지 않고, ② 매입세액공제 권리를 유지하며, ③ 향후 정책 자금 신청 시 '성실신고 이력'으로 활용할 수 있다. 무신고 이력은 감 점 요인이 될 수 있다.

○ 원천세 반기별 납부제도 적극 활용

· 상시근로자 20인 이하 법인은 원천세를 매월이 아닌 반기별로(7.10 / 다음 해 1.10) 신고할 수 있다.

· 홈택스에서 신청하거나 세무서에 '반기별 납부 승인신청서'를 제출해 야 한다.

○ 세금은 '발생 시점'에 증빙을 챙겨야 한다

· 부가가치세는 거래일 기준으로 증빙을 갖추어야 공제가 가능하다.

· 세금계산서, 계산서, 신용카드매출전표, 현금영수증 등은 발급 즉시 수취 후 파일 관리가 기본이다.

• 마무리 요약

세무 절차는 사업자등록으로 끝나는 것이 아니라, 세금 신고로 완성된다.

부가가치세, 종합소득세, 법인세의 기본 개념: "기본을 알아야 사업하지"

• 에피소드

K 대표가 창업한 지도 벌써 5년이 지났다. 창업하고 죽을 둥 살 둥 버티다 보니 어느새 5년이란 긴 세월이 훌쩍 지나갔다. 창업 후 1~2년 차에는 매출이 많지 않아서 납부할 세금도 거의 없었지만, 요즘은 매출이 제법 발생하면서 세금도 내게 되었다. 한편으로는 뿌듯하지만 솔직히 마음 한켠에서는 납부하는 세금이 아깝게 느껴지기도 했다. 겨우 망하지 않고 사업체가 굴러가는 것 같은데, 왜 이렇게도 세금은 자주, 그리고 많이 나오는 건지…. 게다가 세금 종류도 다양하다. 부가가치세, 종합소득세, 양도소득세, 원천세 등. 딱 한 가지 세금만 내면서 사업하면 심플할 것 같은데, 왜 이렇게 다양한 세금을 납부해야 하는지 모르겠다.

그래서 오랜만에 만난 노련한 회계사에게 물었다.

"회계사님, 얼마 전에 부가가치세를 납부하라고 해서 부가가치세를 정확히 냈거든요. 근데 또 이번에는 종합소득세를 내라고 하네요. 왜 이렇게 자주 세금이 나오나요? 딱 하나로 뭉쳐서 하나의 세금만 내면 편하지 않나요?"

• 해설

○ 국세와 지방세부터 알아보자

세상에는 참 많은 종류의 세금이 존재한다. 왜 그렇게 세금 종류가 많은지 모르겠다. 그래서 아인슈타인(Albert Einstein)이 이렇게 말했다고 전해진다.

"세무는 전 우주에게 가장 복잡한 것들 가운데 하나다."

아인슈타인도 세법에 대해 스트레스를 받은 모양이다.

우선 세금은 관할주체에 따라 국가가 관할하는 국세와 지자체가 관할하는 지방세로 크게 나뉜다. 국세는 국세청에서 지방세는 지자체에서 관리하고 있다. 대한민국의 현행 조세체계는 다음과 같다.

국세	내국세	직접세	법인세, 소득세, 상속증여세 등	국세청 담당
		간접세	부가가치세, 개별소비세 등	
	관세			관세청 담당
	부가세		교육세, 농어촌특별세	국세청 담당
지방세	보통세		취득세, 등록면허세, 재산세, 자동차세, 주민세, 지방소득세 등	지자체 담당
	목적세		지방교육세, 지역자원시설세	

창업자들이 사업하는 과정에서 주로 마주치는 세금은 부가가치세, 법인세 또는 소득세다. 그러므로 대한민국에서 사업하는 자라면, 부가가치

세와 법인세 및 소득세의 기본 개념을 이해하는 것이 유익할 것이다.

○ 부가가치세

부가가치세는 법인세와 소득세와는 성격이 다르다

법인과 개인사업자는 모두 부가가치세를 납부한다. 다만 법인은 사업연도마다 한 번 법인세를, 개인사업자는 종합소득세를 납부한다. 여기서, 부가가치세는 법인세 및 소득세와 다른 성격의 세금이다. 법인세와 소득세는 사업자(법인, 개인 모두)가 사업연도에 벌어들인 소득(income)에 대해 과세하지만, 부가가치세는 사업자가 재화의 공급이나 용역(서비스)의 제공 시 창출하는 부가가치에 대해 과세하는 세금이다.

일단, 부가가치세라는 세금부터 이해해보자.

부가가치에 대한 세금, 부가가치세

부가가치는 사업자가 고객에게 재화를 공급하거나, 용역을 제공하면서 독자적으로 창출한 가치의 증분이다.

예를 들어, 제과점에서 제빵원료를 구입해 빵을 제조하고, 이 빵을 소비자에게 판매했다. 제빵원료를 300만 원에 구입해 빵을 만들고 소비자에게 500만 원에 빵을 판매했다고 하자. 그러면 빵을 제조하면서 창출한 부가가치는 200만 원(500만 원과 300만 원의 차이)이다. 현재 부가가치세율은 10%가 기본이므로 제과점이 납부하는 부가가치세는 200만 원의 10%인 20만 원이다.

원료 판매상 →(원료 매입)→ 제과점 →(빵 매출)→ 소비자

[금액 단위: 원]

구분	공급가액[5]	부가가치세	공급대가
빵 매출액	5,000,000	500,000(*1)	5,500,000
제빵원료비	3,000,000	300,000(*2)	3,300,000
매출 이익	2,000,000	200,000(*3)	2,200,000

(*1) 매출 부가가치세, (*2) 매입 부가가치세, (*3) 납부할 부가가치세

부가가치세는 거래되는 재화나 용역의 대가에 포함되어 있다. 그래서 빵을 소비자에게 판매할 때 공급가액 500만 원에다가, 매출 부가가치세 50만 원이 추가되어, 소비자는 550만 원을 부담하는 것이다. 즉, 부가가치세는 최종 소비자가 부담하게 되는 구조다. 즉, 소비자로부터 받은 550만 원 중 50만 원은 매출액에 포함되지 않고, 제과점이 소비자로부터 부가가치세를 임시로 받아놓은 것이며, 나중에 부가가치세 신고 기간에 제과점에서 국세청에 납부하면 된다.

> **매출 부가가치세 (−) 매입 부가가치세 = 납부할 부가가치세액(*)**

(*) 만약 매입 부가가치세가 매출 부가가치세보다 크면 부가가치세를 환급받음.

이처럼 사업자가 재화나 용역을 고객에게 공급할 때, 공급가액의 10%를 곱해 계산한 부가가치세를 공급받는 자(고객)로부터 징수한다. 이러한 행위를 '거래징수'라고 하는데, 이는 사업자가 부과되는 부가가치세를 거래상대방(공급받는 자)에게 전가하는 과정이다. 재화나 용역을 공급하는 사업자는 이때 거래상대방(공급받는 자)에게 세금계산서[6]라는 영수증을 교부해 거래징수 사실을 증명하는 것이다.

간이과세자와 일반과세자는 어떻게 다를까?

'간이과세자'와 '일반과세자'라는 용어는 부가가치세법에서 사용하는 구분이다. 부가가치세법은 모든 사업자를 이 두 범주 중 하나로 나눈다. 간이과세자 제도는, 연간 매출액이 일정 기준 이하인 소규모 개인사업자에게 일반과세자에 비해 상대적으로 부가가치세 신고 절차를 간소화시켜주고 세 부담도 완화해준다. 연간 공급대가가 1억 400만 원 미만인 경우, 간이과세자로 분류된다. 다만, 법인사업자는 모두 일반과세자로 구분한다.

---

[5] 거래대금 중 부가가치세를 제외한 순수 거래대금을 공급가액이라 칭하고 부가가치세를 포함한 거래대금을 공급대가라고 부른다.

[6] '세금계산서'라는 단어에 포함된 '세금'은 부가가치세를 의미한다. 즉, 세금계산서는 부가가치세가 포함된 거래금액(공급대가)을 증명하는 영수증이라는 말이다. 한편 면세사업자가 발급하는 영수증은 '계산서'라고 부르는데, 면세사업자이므로 부가가치세가 포함되지 않는 영수증을 발급하게 되므로 세금이란 단어가 없는 '계산서'라고 한다.

〈부가가치세법의 사업자 구분〉

사업자 유형	연간 공급대가	사업자 구분
법인		일반과세자
개인사업자	1억 400만 원 이상	일반과세자
	1억 400만 원 미만	간이과세자

여기서 주의할 점은 간이과세자라고 해서 부가가치세가 면제되는 것은 아니라는 것이다. 다만 일반과세자에 비해 부가가치세를 적게 납부할 뿐이다. 또한 간이과세자라고 해서 종합소득세에 대한 혜택이 있는 것이 아니고, 일반과세자와 동일하게 종합소득세를 신고·납부해야 한다.

면세사업자는 세금 부담이 아예 없을까?

부가가치세법에 따라 부가가치세를 납부하는 사업자를 과세사업자와 면세사업자로 나누는데, 과세사업자는 다시 일반과세자와 간이과세자로 구분된다. 면세사업자는 부가가치세법에서 규정한 면세사업을 하는 법인 또는 개인사업자로서 사업자가 면세사업자를 희망한다고 해서 면세사업자가 되는 것은 아니다. 면세사업자는 부가가치세 납부의무가 없다. 다만, 면세사업자는 부가가치세가 면제될 뿐 법인세나 소득세 부담은 과세사업자와 동일하다는 점에 유의하길 바란다.

부가가치세는 연중 언제 납부할까?

부가가치세 과세 기간은 1기(1.1~6.30)와 2기(7.1~12.31)로 구분된다. 이는

1월 1일부터 12월 31일을 한 과세 기간으로 보는 종합소득세와 다르다.[7] 부가가치세는 매년 두 번의 예정신고(또는 예정고지)(4월, 10월)와 두 번의 확정신고(7월, 그 다음해 1월)를 통해서 신고·납부하게 된다.

이를 표로 정리하면 다음과 같다.

〈법인의 경우〉

구분	1기 예정신고(주1)	1기 확정신고	2기 예정신고	2기 확정신고
신고 기한	4.25	7.25	10.25	(익년도)1.25
과세 기간	1.1~3.31	4.1~6.30	7.1~9.30	10.1~12.31

〈개인 일반과세자의 경우〉

구분	1기 예정고지(주2)	1기 확정신고	2기 예정고지	2기 확정신고
신고 기한	4.25	7.25	10.25	(익년도)1.25
과세 기간	50%	1.1~6.30	50%	7.1~12.31

(주1) 납세자가 스스로 직접 부가가치세를 신고하고 납부하는 방식
(주2) 국세청이 직전 과세 기간의 납부세액의 50%를 납부할 세액으로 고지하는 것

〈개인 간이과세자의 경우〉

구분	예정부과	확정신고
신고 기한	7.25	(익년도)1.25
과세 기간	50%	1.1~12.31

---

[7] 법인의 경우 하나의 사업연도를 자율적으로 선택이 가능하다. 한 사업연도를 12개월보다 짧은 기간으로 선택 가능해, 12개월 대신 6개월이나 9개월을 회계 기간으로 정할 수도 있다. 그리고 사업연도 개시일도 자율적으로 선택 가능해 1월 1일 외에 4월 1일이나 7월 1일 등도 개시일로 정할 수 있다.

앞의 표를 보면 알 수 있듯이, 간이과세자는 일반과세자와 다르게 과세 기간은 1년(1.1.~12.31)이며, 국세청에서 예정부과 기간(1.1.~6.30)의 납부세액으로서, 간이과세자의 직전 과세 기간에 대한 납부세액의 50%를 예정부과하는데, 간이과세자는 동 예정부과세액을 7월 25일까지 납부한다. 그리고 확정신고는 익년도 1월 25일까지 신고하게 된다.

○ 법인세

법인의 소득에 대해 부과하는 법인세

법인도 개인사업자와 마찬가지로 납세 의무를 부담한다. 법인세는 법인이 한 사업연도 동안 벌어들인 소득(income)에 대해 부과하는 세금이다. 이는 부가가치에 대해 부과하는 부가가치세와 다르다.

법인세 계산 구조

법인세는 다음과 같은 여러 단계를 거쳐 납부할(환급받을) 세액을 계산한다.

〈법인세 계산〉

단계	계산식	비고
각사업년도 소득	결산서상 당기순이익	손익계산서의 당기순손익
	± 소득금액조정(익금산입, 손금산입)	
	+ 기부금한도초과액	
	= 각사업연도 소득	

단계	계산식	비고
과세표준	각사업연도 소득	
	-) 이월결손금	
	-) 비과세소득	
	-) 소득공제	
	= 과세표준	
X 법인세율	세율	과세표준 구간별로 9%, 19%, 21%, 24%를 적용
산출세액	= 산출세액	
납부할 세액	산출세액	
	-) 공제감면세액	
	+ 가산세액	
	-) 기납부세액	중간예납세액, 원천납부세액, 수시부과세액
	+ 감면분추가납부세액	
	= 차감납부할 세액	

법인세 계산의 출발점은 결산서에 나오는 당기순이익(또는 당기순손실)이다. 즉, 한 사업연도를 결산한 결과 도출된 당기순손익에서 출발한다. 그러나 이 당기순손익은 기업회계 기준에 따라 도출된 순손익이므로 세법과는 거리가 있다. 그래서 법인세법에 따라 여러 조정작업을 거쳐서 과세표준을 산출하게 되고, 과세표준에 법인세율을 적용하면 산출세액이 도출된다. 이렇게 결산서상 당기순손익에서 출발해 납부할 법인세까지 계산하는 과정을 '세무조정'이라 부르기도 한다. 즉, 기업회계 기준에 따라 계산한 손익에서 세법상 과세표준으로 변환해 납부할 세액으로 조정하는 과정이라 해서 '세무조정'이라 부른다. 이런 관점에서 보면, 세무신고의 출발점 또

는 세무신고의 기초는 바로 기업회계 기준에 따라 작성된 결산서(재무제표)라고 할 수 있다.

법인세 신고 납부 기한

내국법인은 사업연도 종료일이 속하는 달의 말일부터 3개월 이내에 그 사업연도의 소득에 대한 법인세의 과세표준과 세액을 납세지 관할 세무서장에게 신고 납부해야 한다. 통상 법인의 사업연도는 12월 31일까지이므로 그로부터 3개월인 3월 31일까지가 법인세 신고 기한이 된다.

법인세 세율

법인세 세율 구조는 다음과 같은 누진세율 구조를 가진다.

과세표준 구간	법인세율(지방소득세율[8] 포함한 경우)
2억 원 이하	9% (9.9%)
2억 원~200억 원	19% (20.9%)
200억 원~3,000억 원	21% (23.1%)
3,000억 원 초과	24% (26.4%)

예를 들어, 과세표준이 20억 원이 나오면, 2억 원까지는 9%를 적용하고, 2억 원에서 20억 원까지 구간은 19%를 적용해 산출세액을 구하는 것이다.

---

[8] 지방세법에 의한 법인지방소득세율은 법인세율의 10%다. 만약 법인세율이 9%면 법인지방소득세율은 9%의 10%인 0.9%다.

○ 소득세

개인의 소득에 대해 부과하는 소득세

법인의 소득에 법인세가 있듯이, 개인이 얻은 소득에는 소득세가 부과된다. 즉, 개인사업자가 한 사업연도 동안 벌어들인 이익에 대해 부과하는 세금이 바로 소득세다.

소득세와 종소세의 차이

우리는 흔히 종합소득세(줄여서 '종소세')라는 표현을 쓰기도 하고, 그냥 '소득세'라고 말하기도 한다. 그렇다면 두 용어는 어떻게 다를까?

개인의 이익에 대해 부과되는 소득세는 크게 세 가지로 나뉜다. 매년 여러 소득을 종합해 소득세를 신고 납부하는 종합소득세, 퇴직이라는 사건(event)이 발생한 경우에 발생하는 퇴직소득에 대한 퇴직소득세, 그리고 양도소득세 부과 대상 자산[9]을 양도한 경우 발생하는 양도소득세로 나뉜다.

〈소득세의 구분〉

대구분	중구분	소득 종류	비고
소득세	종합소득세	이자소득, 배당소득, 사업소득(부동산 임대소득 포함), 근로소득, 연금소득, 기타소득	이자소득부터 기타소득까지 종합해 매년 5월 말까지 종합소득세를 신고 납부(정기적, 매년)
	퇴직소득세	퇴직소득	퇴직소득이 발생하는 경우(비정기적)
	양도소득세	양도소득	양도소득이 발생하는 경우(비정기적)

---

[9] 양도소득세 대상 자산은 부동산, 부동산에 관한 권리, 주식 등, 기타자산, 파생상품, 신탁 수익권이 있다.

종합소득세 신고 납부 기한

사업자가 아닌 개인을 포함해 개인사업자가 당해연도 소득에 대해 다음 연도 5월 1일부터 5월 31일까지 신고·납부해야 하는 것이 종합소득세다. 다만 성실신고확인 대상 사업자가 성실신고확인서를 제출하는 경우에는 다음 연도 5월 1일부터 6월 30일까지 신고·납부하면 된다.

종합소득세 세율

앞에서 우리는 법인세의 세율 구조를 살펴보았다. 종합소득세의 세율 구조는 6%에서 45%까지 구성되어 법인세보다 더 복잡하다.

〈소득세 세율 구조〉

과세표준 구간	소득세율(지방소득세율 포함한 경우)
1,400만 원 이하	6% (6.6%)
1,400만 원 초과~5,000만 원 이하	15% (16.5%)
5,000만 원 초과~8,800만 원 이하	24% (26.4%)
8,800만 원 초과~1억 5,000만 원 이하	35% (38.5%)
1억 5,000만 원~초과 3억 원 이하	38% (41.8%)
3억 원 초과~5억 원 이하	40% (44.0%)
5억 원 초과~10억 원 이하	42% (46.2%)
10억 원 초과	45% (49.5%)

만약 소득세 과세표준이 5억 원인 경우라면 소득세율은 40%인 반면, 법인세의 경우 19%에 불과하다. 이렇게 세율 차이가 발생해 개인사업자들은 이익이 증가해 과세표준이 커지면 법인 전환을 고민하게 되는 것이다.

• 마무리 요약

법인과 개인사업자가 거래할 때 발생하는 부가가치에 대해 신고 납부하는 세금이 부가가치세이고, 사업연도에 벌어들인 소득에 대해 신고·납부하는 세금이 법인세 또는 종합소득세다.

출자금과 차입금 : "대표이사가 빌려준 건데, 왜 이자를 줘야 하죠?"

• 에피소드

"이 2,000만 원은, 회계장부상 '가수금'으로 잡혀 있군요."

음식배달 연동 앱을 개발하던 1인 창업자 J대표. 그는 법인 설립 직후, 운영자금이 부족하자 개인 통장에서 법인 계좌로 2,000만 원을 이체했다. '내 회사에 내 돈 넣는 건데 무슨 서류가 필요하겠어' 싶어 별다른 증빙 없이 '입금'만 해두었다.

1년 뒤, 새로운 세무대리인이 그의 장부를 검토하다가 고개를 갸웃했다.

"대표님, 이 돈은 성격이 불분명한 '가수금(假受金)' 상태입니다. 만약 세무조사를 받는다면 조사관은 필시 이렇게 물을 겁니다. '이 돈은 자본금입니까, 대표이사 대여금입니까?' 만약 대여금으로 본다면, 법인은 대표님께 이자를 드렸어야 하고, 대표님은 이자소득세를 내셨어야 합니다."

J대표는 놀란듯 되물었다.

"제가 제 회사에 돈을 그냥 보태준 건데, 거기에 이자를 계산하고 세금까지 내야 한다고요?"

• 해설

창업 초기 부족한 자금은 대표나 가족의 돈으로 채워지는 경우가 많다. 이때 돈에 '자본금'이라는 이름표를 붙여주느냐, '차입금'이라는 이름표를 붙여주느냐에 따라 회사의 재무상태와 세금은 완전히 다른 길을 걷게 된다.

대표가 법인 계좌로 자금을 이체했을 경우, 이 자금이 자본금(출자)인지, 차입금(대여금)인지 명확히 하지 않으면 '가수금'으로 분류되며, 이후 불리한 세무 판단이 내려질 수 있음에 유의해야 한다.

○ 자본금 vs 차입금: 세법상 차이점

구분	출자금(자본금)	차입금(대표이사 대여금)	비고
회계 분류	자본(회사의 순수한 자기자금)	부채(법인이 상환해야 할 빚)	자본은 회사의 안정성 지표, 부채는 상환 부담을 의미
법적 관계	주주로서의 투자 행위	채권자로서의 대여 행위	
상환 의무	없음(회사를 청산하지 않는 한).	있음. 약정한 기일에 원리금 상환	
이자 지급	없음(대신 '배당'의 형태로 이익 분배),	의무(미지급 시 세법상 리스크 발생)	법인은 독립된 인격체이므로, 주주인 대표로부터 돈을 빌리면 대표에게 이자를 줘야 함.
세무상 효과	법인: 자본금 증가 주주: 주식 취득	법인: 지급이자는 비용 처리 가능(법인세 절감) 대표: 받은 이자는 이자 소득(소득세 과세)	이자비용 처리는 법인세 절감 효과가 있으나, 대표의 소득세 부담이 발생함.
재무구조 영향	부채비율 감소(재무구조 개선)	부채비율 증가(재무구조 악화)	투자자나 금융기관은 낮은 부채비율을 선호하므로, 자본금 증자가 신용도에 유리함.

구분	출자금(자본금)	차입금(대표이사 대여금)	비고
필요 증빙	법인등기부등본, 주주 명부, 주금납입증명서	금전소비대차계약서, 이자 지급 증빙	증빙이 없으면 100% '가수금' 으로 처리되어 문제가 됨.

○ **법적·세무상 리스크: 부당행위계산 부인 제도**

법인세법 제52조(부당행위계산의 부인)에 따라, 대표이사와 같은 특수관계인이 법인에게 무이자 또는 시가보다 낮은 이자로 자금을 빌려줬다면, 국세청은 아래와 같은 방식으로 가산 과세를 한다.

· 법인: 이자를 안 줬더라도 '정상이자(인정이자)'만큼 수익이 있었다고 보고, 익금산입 → 법인세 과세

· 대표자: 실제로 받지 않은 이자도 소득으로 간주 → 소득세 과세

즉, 양쪽 모두 과세당하고 아무도 이득을 못 보는 상황이 발생할 수 있다.

○ **인정이자율**(정상이자율)

· 당좌대출이자율: 연 4.6% (2025년 기준)

· 따라서, 대표이사로부터의 차입금에 대해 연 4.6% 이상의 이자를 지급하지 않으면, 인정이자 규정이 적용된다. 즉, 대표이사로부터의 차입금이 무이자 조건(0%)이라 할지라도, 세법은 연 4.6%의 이자율로 간주해 대표이사가 빌려준 원금의 4.6% 만큼 이자소득을 얻은 것으로 간주해 과세하겠다는 것이다.

• 실무 TIP: 자금 조달 시 세무 리스크 방어 전략

○ 법인 설립 시 자본금은 완벽하게 증빙을 갖추자

· 법인 통장에 입금 시 '발기인 OOO 출자금' 등으로 명확히 기재하고,
  '주금납입보관증명서'를 반드시 발급받아 회계처리

· 이체 내역에는 '자본금 납입'으로 명기

· 회사는 주식 발행 내역을 정리해놓을 것

○ 운영 중 추가 자금을 넣을 때는 '금전소비대차계약서'를 작성하자

· 부득이하게 대표가 돈을 빌려준다면, 반드시 '금전소비대차계약서'(차용증)를 작성

· 이자율은 법인세법상 '당좌대출이자율'을 따르는 것이 가장 안전(2025년 현재 연 4.6%이며, 매년 변동 가능하므로 확인 필요)

· 계약서에 따라 실제 이자를 지급하고, 법인은 이자비용으로, 대표는 이자소득으로 각각 세무 신고

• 마무리 요약

'내 돈 넣은 것인데, 왜 이자?'라고 생각하는 것은 창업자 대부분이 빠지는 흔한 함정이다. 법인은 독립된 과세주체이며, 돈이 들어오면 반드시 '자본' 또는 '부채'로 명확히 표시해야 한다. 증빙 없는 돈은 결국 가장 불리한 이름표, 즉 가수금 또는 부당행위로 간주되어 이자와 가산세라는 불필요한 부담으로 이어질 수 있음을 명심해야 한다.

[참고] 대표이사 차입금에 대한 증빙 패키지(예시)

1. 금전소비대차계약서(차용증) 예시

【금전소비대차계약서】

채권자(대여자): 김철수 (이하 "갑"이라 한다)
주소: 서울시 강남구 테헤란로 OOO
주민등록번호: 000000-1234567

채무자(차용자): 주식회사 예스스타트업 (이하 "을"이라 한다)
주소: 서울시 성동구 왕십리로 OOO
사업자등록번호: 123-45-67890
대표이사: 김철수

제1조 [대여금]
갑은 을에게 금 이천만 원(₩20,000,000)을 대여하고, 을은 이를 수령했다.

제2조 [이자]
이자는 연 4.6%의 단리로 계산하며,
매월 말일 이자 76,667원(20,000,000 × 4.6% ÷ 12)을 지급한다.

제3조 [상환기한]
차용금은 2025년 12월 31일까지 원리금 전액을 상환한다.

제4조 [기타]
기타 이 계약에 명시되지 않은 사항은 민법 및 상법의 관련 규정에 따른다.

2025년 1월 1일

채권자(서명): _____
채무자(서명): _____

2. 이자계산서

구분	금액(원)	계산식
차입금 원금	20,000,000	–
이자율	4.6% (단리 기준)	–
연간 이자액	920,000	20,000,000 × 4.6%
월별 지급액	76,667	920,000 ÷ 12
이자 지급일	매월 말일	예: 2025.01.31, 2025.02.28 등

3. 지급명세서 예시(이자소득)

【지급명세서 – 이자소득】

① 소득자 인적사항
성명: 김철수
주민등록번호: 000000–1234567
주소: 서울시 강남구 테헤란로 OOO

② 소득구분: 이자소득
③ 귀속연도: 2025년
④ 지급일자: 매월 말일
⑤ 총지급액: 920,000원
⑥ 원천징수세액:
– 소득세: 138,000원 (920,000 × 15%)
– 지방소득세: 13,800원 (소득세 × 10%)
– 합계: 151,800원

⑦ 실제 지급액: 768,200원
⑧ 원천징수영수증 발급일자: 2025.12.31

작성자: (주)예스스타트업
사업자등록번호: 123–45–67890
담당자: 홍길동 / 연락처: 010–0000–0000 .

○ 정리

· 이자율은 반드시 '세법상 인정이자율(2025년: 4.6%)' 이상으로 설정

· 이자 지급은 실제 현금 송금으로 실행하고 이체 내역 보관

· 지급명세서는 매년 2월 말까지 국세청 제출

· 이자비용은 법인 비용 처리, 이자소득은 대표 이자소득세로 신고

창업자 대상 세액감면 제도 :
"미리 알았으면 몇백만 원은 아꼈을 텐데…"

• 에피소드

"대표님, 이번에 법인세 470만 원 납부하셔야 합니다."

IT 기반 콘텐츠 서비스를 운영하는 H대표. 창업 2년 차, 밤낮없이 고생한 끝에 처음으로 수억 원의 매출과 약간의 순이익이 발생했다. 그는 당연히 내야 할 세금이라 생각하고 고지서를 받아들었다.

그런데 얼마 후, 지인인 다른 스타트업 대표와의 대화에서 귀가 번쩍 뜨이는 소리를 들었다.

"어? 대표님, 창업중소기업 세액감면 신청 안 하셨어요? 저희는 이번에 법인세 100% 감면받았는데…"

뒤늦게 회계사무소를 찾아가 확인한 결과, H대표의 회사는 창업 당시부터 감면 요건을 모두 갖추고 있었다. 만 34세 이하의 청년 창업, 수도권 과밀억제권역 밖 창업, 감면 대상 업종. 모든 조건이 완벽했다. 만약 법인세 신고 시 신청서 한 장만 더 냈더라면, 470만 원의 세금은 전액 감면될 수 있었다.

그는 땅을 치며 말했다.

"세금은 그냥 내라고 하니까 내는 건 줄 알았지, 이렇게 깎아주는 제도
가 있는 줄은 꿈에도 몰랐습니다…."

• 해설

○ 창업자를 위한 세제 혜택에는 무엇이 있을까?

흔히 말하는 세제 혜택, 즉 세액감면, 세액공제, 과세특례 등은 조세특
례제한법(이하 '조특법'이라 함)에 규정되어 있다. 조특법에서 '창업자'라는 단
어가 포함된 세제 혜택은 두 가지다. 하나는 창업중소기업 등에 대한 세
액감면(조특법 제6조)이고, 나머지 하나는 창업자금에 대한 증여세 과세특례
(조특법 제30조의5) 제도다. 창업자금에 대한 증여세 과세특례에 대한 설명은
이 책 후반부에 별도로 설명하겠다.

○ 창업 후 5년 후에는 33.8%만 생존하다니…

다음 기사는 지난 2023년 10월 3일 〈한겨레신문〉 경제 면에서 발췌한
것이다.

"3일 국회 산업통상자원중소벤처기업위원회 소속 양금희(국민의힘) 의
원이 중소벤처기입부에서 받은 '창업기업 생존율 현황'을 보면, 국내 창
업기업의 5년차 생존율은 33.8%로 OECD 평균인 45.4%보다 11.6%p 낮
았다. 창업기업 생존율은 2020년 기준이며, OECD 38개 회원국 중 한국

을 포함해 생존율을 발표한 28개국 평균치다. 국내 창업기업의 5년 후 생존율이 평균 33.8%라는 것은 창업 5년 이내에 66.2%가 폐업한다는 의미다."

이런 안타까운 현실을 개선하고자, 창업자들의 초기 자금부담을 경감시켜서 그들이 속히 안정적인 사업을 영위하도록 해 우리 경제의 경쟁력을 제고하기 위한 제도가 바로 '창업중소기업 등에 대한 세액감면'이다.

○ 우리 기업도 감면 대상에 해당하는가?

그럼 세액감면 대상은 어떠한 기업일까? 차례로 알아보자.

제조업 등 '감면 대상 업종'으로 창업한 중소기업

창업중소기업으로서 제조업, 건설업, 통신판매업, 정보통신업 등 감면 대상 업종을 영위해야 하는데, 상세 업종은 조특법 제6조 제3항을 참조하길 바란다. 참고로, 이 규정에 따르면, 음식점 창업이나 미용업 창업도 감면 대상에 해당한다.

창업중소기업으로서 창업 후 3년 이내에 벤처기업으로 확인받은 기업

이를 '창업벤처중소기업'이라 칭하며, 감면 대상 업종은 앞에서 설명한 업종과 동일하다. 즉, 감면 대상 업종을 영위하는 창업벤처중소기업이 감면 대상인 것이다.

에너지신기술중소기업

창업일이 속하는 과세연도와 그 다음 세 개 과세연도가 지나지 않은 중소기업으로서 2027년 12월 31일까지 대통령령으로 정하는 에너지신기술중소기업이 감면 대상에 해당한다.

창업보육센터사업자

'중소기업창업 지원법' 제53조 제1항에 따라 창업보육센터사업자로 지정받은 내국인도 감면 대상이다. 창업보육센터사업자란, 창업보육센터를 설립 운영하는 자로서 필요한 요건을 갖추고 중소벤처기업부장관의 지정을 받은 자를 가리킨다.

○ 도대체 얼마나 세액감면이 되는가?

창업중소기업 세액감면 금액은 다음과 같이 산출된다.

> 감면세액 = 소득세 또는 법인세 산출세액 X (감면 소득/과세표준) X 감면 비율

위 산식을 보면 감면 비율이 등장하는데, 이 비율이 감면 금액의 크기를 결정하는 데 중요한 변수일 것이다.

○ 다양한 세액감면 비율

본 세액감면의 경우, 감면 대상 기업의 종류와 본점 소재지에 따라 감면율은 다양하다. 먼저, 최근 개정된 세법을 참고하면, 창업 시기에 따라

감면율의 차이가 있다.

<2025.12.31. 이전 창업한 경우>

기업 구분	기본 감면 비율(주3)	
	수도권과밀억제권(주1)	수도권과밀억제권 밖
창업중소기업	없음	5년, 50%
청년창업중소기업, 생계형창업 중소기업(주2)	5년, 50%	5년, 100%
창업벤처중소기업	5년, 50%	
에너지신기술중소기업	5년, 50%	
창업보육센터사업자	5년, 50%	

(주1) 수도권정비계획법 시행령 별표 1에 열거됨
(주2) 연간 수입금액이 8,000만 원 이하인 중소기업
(주3) 후술하는 추가 감면이 있으므로 여기서는 '기본 감면 비율'이라 했다.

여기서 수도권과밀억제권역에서 창업도 감면을 해주는 '청년' 창업중소기업이라는 단어가 등장하는데, 이는 대표자(공동사업장의 경우에는 손익분배 비율이 가장 큰 사업자를 의미)가 다음을 충족하는 기업이다.

· 개인사업자로 창업할 경우: 창업 당시 15세 이상 34세 이하인 사람. 다만, 대표자가 병역을 이행한 경우에는 그 기간(6년을 한도로 한다)을 창업 당시 연령에서 빼고 계산한 연령이 34세 이하인 사람을 포함한다.

· 법인으로 창업할 경우: 개인사업자의 경우 대표자 요건을 충족하고 또한 해당 법인의 최대주주 또는 최대출자자인 경우

'청년'이 대표자인 창업중소기업에 대해 우대해주고 있는데, 창업 당시 청년 대표자가 15세에서 34세 이하여야 한다. 병역 이행 기간을 감안해

주기에, 만약 청년대표자 병역 이행 기간이 2년이라 가정한다면, 창업 당시 36세이더라도 청년 창업에 해당될 수 있겠다.

〈2026.1.1. 이후 창업한 경우〉

기업 구분	기본 감면 비율		
	수도권 과밀억제권	수도권과밀억제권 밖	
		수도권(주1)	수도권 밖 또는 수도권 인구감소지역(주2)
청년창업중소기업, 생계형창업 중소기업	없음	5년, 25%	5년, 50%
창업벤처중소기업	5년, 50%	5년, 75%	5년, 100%
에너지신기술중소기업	5년, 50%		
창업보육센터사업자	5년, 50%		
창업보육센터사업자	5년, 50%		

(주1) 수도권정비계획법 제2조 제1호에 따른 수도권 지역으로서 서울특별시, 경기도, 인천광역시를 말한다.
(주2) 지방자치분권 및 지역균형발전에 관한 특별법 제2조 제12호에 따른 인구감소지역으로서, 행정안전부 고시 2024-15호에 의하면 강화군, 옹진군, 가평군 및 연천군이 이에 해당한다.

위와 같이 2025년 12월 31일 이전 창업과 2026년 1월 1일 이후 창업의 경우, 기본 감면율이 약간 다르게 적용된다.

· 2025년 12월 31일 이전 창업: 수도권과밀억제권역과 그 외의 지역으로 구분해 감면율을 달리 적용한다.

· 2026년 1월 1일 이후 창업: 수도권과밀억제권역 외의 지역을 ① 수도권과, ② 수도권 밖 또는 수도권의 인구감소지역으로 나누고 감면율을 달리 적용한다.

감면율 표를 통해 다음과 같은 시사점을 얻을 수 있다.

· 자세히 보면 2025년보다 2026년도 감면율이 더 낮아지고 있으므로 가급적이면 2025년 12월 31일 이전에 창업하는 것이 유리해진다.

· 지역별로 보면 수도권과밀억제권역 밖에서 창업하는 것이 유리하고, 2026년부터는 수도권 밖에서 창업하거나 수도권 내부 인구감소지역에서 창업하는 것이 더 유리하다.

· 창업 이후 3년 이내에 벤처기업으로 확인받아 창업벤처중소기업에 해당하게 되거나 에너지신기술중소기업 또는 창업보육센터사업자에 해당하면, 창업 장소(수도권과밀억제권역 해당 여부)에 구애받지 않고 5년간 50% 감면율을 적용받을 수 있을 것이다.

• 상시근로자 수가 증가하는 경우 추가 감면도 있다

최근 고용 증대가 국가적 과제로 부상함에 따라 기업의 상시근로자 수가 증가하는 경우, 국가에서는 고용 증가에 대해 다양한 세제 혜택을 부여하고 있다. 만약 ① 업종별 최소 고용인원을 충족하고 ② 창업중소기업이 상시근로자 수가 전기보다 증가할 경우에는 다음과 같은 추가 세액감면을 부여한다.

> 추가 감면세액 = 소득세 또는 법인세 산출세액
> X (감면 소득/과세표준) X 추가 감면 비율

· 추가 감면 비율 = (해당 과세연도 상시근로자 − 직전 과세연도 상시근로자)/직전 과세연도 상시근로자 X 100%[주1]

○ 2025년부터 감면세액의 한도가 적용되기 시작한다

원래 창업중소기업 세액감면의 한도는 없었다. 즉, 기본 감면과 추가 감면의 한도가 없어서 엄청난 세제 혜택이었다. 그러나 세법 개정에 따라 2025년 1월 1일 이후 창업에 대해서는 연간 감면 한도가 5억 원으로 정해졌다. 물론 연간 5억 원의 세액감면 역시 대단한 혜택임은 부인할 수 없다.

○ 통합고용세액공제와 중복적용이 안 된다

상시근로자 수가 전기 대비 증가하게 되면, 통합고용세액공제라는 큰 세액공제 혜택이 있다. 그리고 전술한 바와 같이, 상시근로자 수가 증가하게 되면 창업중소기업세액감면의 추가 감면도 역시 적용되어 감면되는 세액이 추가로 증가했다. 그런데 아쉽게도 세법 개정에 따라 2025년 1월 1일 이후 창업분부터는 통합고용세액공제와 창업중소기업세액감면은 중복적용이 불가하게 되어 한 가지 세제 혜택을 선택해야 한다.

○ 중소기업특별세액감면과도 중복적용이 안 된다

중소기업을 위한 조특법의 또 다른 세액감면인 '중소기업에 대한 특별세액감면(조특법 제7조)'과 창업중소기업 등에 대한 세액감면은 중복적용이 허용되지 않음에 유의해야 한다.

○ 세법상 협력의무를 이행해야 세액감면을 받을 수 있다

창업중소기업 등에 대한 세액감면은 세법이 정하는 협력의무를 기업이 충실히 이행할 때 허용된다. 그러므로 다음과 같은 협력의무 미이행의 경우에는 동 세제 혜택은 받을 수 없게 됨에 주의해야 한다.

· 현금영수증 가입의무 사업자의 현금영수증 가맹점 미가입
· (개인사업자의 경우) 복식부기의무자의 사업용계좌 미신고
· 소득세 또는 법인세 신고를 하지 않는 경우(무신고) 또는 기한 후 신고하는 경우
· 복식부기의무자가 소득세 또는 법인세 신고 시 추계신고한 경우

• 마무리 요약

창업중소기업 등에 대한 세액감면은 국가가 창업자들의 사업 초기의 어려움을 지원하기 위한 엄청난 세제 혜택임에 틀림없다. 그러므로 여러 요건을 잘 충족해서 창업중소기업 등에 대한 세액감면은 놓치지 말아야 할 것이다.

스톡옵션, 경영인 보험의 세무상 처리 :
"비용 인정이 안 된다고요?"

• 에피소드

"대표님, 스톡옵션을 약속하셨으면 정관에 근거 조항과 이사회 의사록이 있어야 하고, 급여가 없으면 비용도 없습니다."

창업 6개월 차, AI 스타트업 A사는 대표이사를 포함한 창립 멤버 전원이 현금 대신 스톡옵션으로 보상받기로 했다. 대표는 혹시 모를 사태에 대비해, 법인 명의로 자신을 피보험자로 한 '경영인 정기보험'도 하나 들어두었다.

그런데 첫 투자 유치 전 재무실사 과정에서, 자료를 검토하던 공인회계사의 지적이 이어졌다.

· 스톡옵션 : "정관에 스톡옵션 부여 근거가 없고, 부여 당시의 이사회 결의 의사록도 없습니다. 행사가액, 부여수량 등 핵심 조건이 불분명

해 법적 효력을 주장하기 어렵고, 향후 비용 처리도 불가능합니다."

· 경영인 보험 : "보험 계약의 수익자가 대표님 가족으로 되어 있습니다. 이는 회사가 대표님 개인의 보험료를 대납해준 것과 같아, 법인 비용이 아닌 대표님 상여로 처리되어야 합니다."

회계사의 지적은 뼈아팠다.

"대표님, 선의로 하신 일들이시만 세법과 상법은 '의도'가 아니라 '객관적 증빙과 절차'를 봅니다. 이 상태로는 법인세 절감은커녕 리스크만 눈덩이처럼 불어날 수 있습니다."

• 해설: 비용인가? 세금 폭탄인가?

스타트업은 현금 지출을 최소화하기 위해 스톡옵션, 경영인 보험(CEO 보험) 등을 활용하곤 한다. 하지만 이 모든 것은 세법이 정한 명확한 요건을 충족할 때만 '비용 인정' 또는 '비과세'라는 혜택을 받을 수 있다. 즉, 세법이 정한 절차와 요건을 충족하지 않으면 비용 부인, 상여처분, 원천세 추징으로 이어질 수 있다.

○ 스톡옵션 - "절차 없는 약속은 비용이 아니다"

구분	법인(회사)	임직원(개인)
회계처리	부여일의 공정가치로 안분해 '주식 보상비용' 인식(비용)	권리 부여 시점에는 회계 처리 없음.
세무처리	임직원이 스톡옵션을 행사하는 시점에 인건비로 손금(비용) 산입 가능	행사 시점에 '행사이익'에 대해 소득세 과세

구분	법인(회사)	임직원(개인)
행사이익	(해당 없음)	시가 − 행사가액
소득 구분	(해당 없음)	재직 중 행사 시: 근로소득 퇴직 후 행사 시: 기타소득
핵심 조건	정관에 스톡옵션 조항 명시 + 주주총회 특별결의 또는 이사회 결의 필수	벤처기업 과세특례 요건 충족 시 절세 혜택 선택 가능

· 벤처기업 스톡옵션 과세특례 활용법(조특법 제16조의3·4)

벤처기업 임직원은 다음 세 가지 중 하나를 선택해 세금 부담을 크게
줄일 수 있다.

① (일반) 행사 시점에 근로소득세 과세: 특례를 적용하지 않는 기본 방
식

② (특례1) 5년간 분할납부: 행사 이익에 대한 소득세를 5년간 나누어
납부(현금 부담 완화)

③ (특례2) 양도 시점에 양도소득세 과세: 강력한 절세 혜택. 행사 시점
에는 세금을 내지 않고, 나중에 해당 주식을 팔 때 '양도소득세(22%)'
로 과세(일반적인 근로소득세율보다 낮음)

· 특례2 적용 요건: 벤처기업 임직원으로서 부여받은 스톡옵션을 2년
이상 보유하고 행사해야 함.

· 한도: 스톡옵션의 행사일로부터 역산해 2년이 되는 날이 속하는 과
세 기간부터 해당 행사일이 속하는 과세 기간까지 전체 행사가액의
합계가 5억 원 이하여야 함.

○ 경영인 보험 – "누가 수익자인지가 핵심이다"

'CEO 플랜', '절세 보험' 등으로 불리지만, 세법은 계약의 실질을 본다. 'CEO 절세보험'이라는 말만 믿고 가입하면, 추후 상여처분 및 가지급금 이슈로 이어질 수 있다.

계약자	피보험자	수익자	보험 종류	세무처리 (법인)	세무처리(대표)
법인	대표이사	대표·가족	보장성·저축성 불문	전액 손금 불인정	납입 보험료 전액 상여 처분(소득세 증가)
법인	대표이사	법인	순수 보장성 (소멸성)	전액 손금 인정	과세 문제 없음.
법인	대표이사	법인	저축성 (환급형)	자산계상(손금 아님) 만기·해지 시 익금 처리	과세 문제 없음.

결국, 'CEO 절세 플랜'이라는 이름의 보험이라도, 계약자와 수익자가 모두 '법인'이고, 순수 보장성 보험일 때만 납입액 전액이 비용으로 인정된다.

• 마무리 요약

세법에서 비용이란, '돈을 썼다'는 사실만으로 인정되지 않는다. '법과 정관이 정한 절차에 따라 정당하게 지급했다'는 도장이 찍혀야 비로소 진짜 비용이 된다.

정부지원금의 회계·세무처리:
"그건 과세 안 되는 돈 아닌가요?"

• 에피소드

"대표님, 작년에 받으신 정부지원금 3,000만 원이 법인세 신고에서 통째로 누락되었습니다."

소셜 임팩트 스타트업을 운영하는 A대표. 그는 창업 1년 차에 중소벤처기업부로부터 '청년창업사관학교' 지원금 3,000만 원을 받았다. 가뭄의 단비 같은 자금이었고, 대부분 인건비와 마케팅비로 요긴하게 사용했다. 당연히 '세금과는 무관한 돈'이라고 생각했다.

다음 해, 법인세 신고를 검토하던 공인회계사가 말했다.

"대표님, 이 지원금은 회계장부에 국고보조금 (영업외수익)으로 반영되었어야 합니다. 국세청은 '과세자료제출법'에 따라 정부 각 부처의 지원금 지급 내역을 전산으로 모두 확보하고 있습니다. 이건 신고 누락입니다."

A대표는 황망한 표정으로 되물었다.

"아니, 공짜로 받은 것도 아니고, 사업계획서 쓰고 발표해서 받은 격려금인데, 여기에 세금을 내야 한다고요?"

결국 그는 누락된 법인세뿐만 아니라, 신고불성실가산세(과소신고세액의 10~40%)와 납부지연가산세(연 8.03%)까지 더해 수백만 원의 '세금 수업료'를 내야 했다. 정부지원금도 세법의 눈으로 보면 결국 '소득'이라는 현실을 그제야 깨달았다.

• 해설: 국고보조금, 세법의 눈으로 본 '공짜 돈'의 정체

많은 창업자가 '정부지원금(국고보조금)'은 비과세 소득, 이른바 '공돈'이라 착각하지만, 세법의 대원칙은 다르다. 상환 의무가 없는 모든 지원금은 원칙적으로 과세 대상 소득(익금)으로 본다(법인세법 제15조). 다만, 그 성격과 사용 목적에 따라 회계와 세무처리 방식이 달라진다.

지원금 종류	회계처리 방식	세무처리 방식	비교
수익 관련 보조금(인건비, 운영비, 마케팅비 지원 등)	수령 즉시 '영업외수익 (잡이익)'으로 인식하거나, 관련 비용(인건비 등)에서 차감하는 방식으로 처리	예외 없이 과세소득(익금)에 해당. 회계상 수익으로 인식하는 시점에 과세됨.	가장 흔한 유형. 받았을 때 바로 법인의 이익으로 잡힌다고 생각하면 쉽다.
자산관련 보조금(기계장치, 시설, 소프트웨어 등 고정자산 취득 지원)	·이연수익법: '이연수익(부채)'로 계상 후, 자산의 내용연수에 걸쳐 감가상각비와 상계하며 수익으로 인식 · 자산차감법: 취득한 자산의 장부가액에서 직접 차감	원칙적으로 과세소득. 단, '일시상각충당금' 또는 '압축기장충당금'을 설정해 과세를 미래로 이연(과세이연) 가능	'과세이연'은 면제가 아니라 세금을 나중에 내도록 미뤄주는 것이다. 현금흐름관리에 효과적인 전략

지원금 종류	회계처리 방식	세무처리 방식	비교
R&D 지원금 (TIPS, 창업성장기술개발 등 연구과제지원)	개발비 등 관련 비용에서 차감하거나, 별도의 수익으로 인식. 연구 성공, 실패 여부에 따라 회계처리가 상이함.	연구과제의 성격이 정부에 제공하는 '용역'이라면 '매출'로, 순수 '지원'이라면 보조금수익(익금)으로 처리(즉, 모두 익금 처리)	가장 중요한 함정! 이 지원금으로 쓴 R&D비용은 R&D 세액공제 대상에서 제외됨.

[심화] R&D 지원금과 R&D 세액공제의 함정

스타트업들이 R&D 지원금을 받아 연구원 인건비 등으로 지출한 뒤, 해당 인건비 전체에 대해 R&D 세액공제(비용의 25%)를 적용하는 실수를 범하곤 하는 데, 주의를 요한다. 조특법에서는 다른 곳에서 보전받은 비용에 대해서는 세액공제를 적용하지 않는다.

> 연구원 인건비 1억 원 지출(정부지원금 4,000만 원 + 회사 자체자금 6,000만 원)
>
> · 잘못된 계산: 1억 원 × 25% = 2,500만 원 세액공제 (X)
> · 올바른 계산: (1억 원 − 정부지원금 4,000만 원) × 25% = 1,500만 원 세액공제 (O)

이 차이를 놓치면, 추후 세무조사 시 1,000만 원의 세액공제를 추징당하고 가산세까지 부담할 수 있다.

○ 실무에서 가장 흔한 오류

· 신고 자체를 누락: 지원금을 아예 장부에 기록하지 않는 경우. 100% 추징 대상이다.

· 대출과 보조금 혼동: 정부의 '정책자금 대출'은 상환해야 할 '부채'이 므로 과세 대상이 아니지만, 상환 의무 없는 '보조금'은 '수익'이므로 과세 대상이다.

· 자산 취득 보조금의 잘못된 처리: 보조금으로 취득한 기계장치를 즉 시 비용 처리하거나, 세법상 과세이연 절차를 누락해 불필요한 세금 을 납부하는 경우

• 실무 TIP : 정부지원금, 똑똑하게 관리하고 절세하는 법

○ 지원금 전용 통장을 개설하고, 모든 증빙은 별도 관리하라

· 지원금은 전용 계좌(별도의 사업용 계좌)로 받아 관리하면 자금의 입출금 과 사용 내역을 소명하기가 매우 편리하다.

· 사업계획서, 협약서, 결과 보고서, 지출 증빙 등 관련 서류는 별도의 파일로 철저히 보관해야 한다.

○ 자산 취득 지원금은 '과세이연'으로 세금을 미뤄 현금흐름을 관리하라

· 기계장치 등 고정자산을 취득하는 조건으로 지원금을 받았다면, 법 인세 신고 시 '일시상각충당금' 또는 '압축기장충당금'을 설정해 과세 소득(익금)에 산입하지 않을 수 있다.

· 이렇게 하면 당장의 세금 부담 없이, 해당 자산을 사용하는 기간에 걸쳐 세금을 나누어 내는 효과를 얻을 수 있다(반드시 전문가와 상의할 것).

○ 국세청은 모든 것을 알고 있다고 생각하라

· 국세청은 중소벤처기업부, 고용노동부 등 각 정부 기관으로부터 지원금 지급 내역 전산자료를 정기적으로 수집한다. 따라서, '설마 알겠어?'라는 생각은 절대 금물이다.

· 회계상 누락은 국세청 전산 시스템만으로 100% 적발 가능한 가장 쉬운 추징 항목이다. 고의가 아니었더라도 무신고에 대한 책임은 온전히 회사의 몫이다.

• 마무리 요약

정부지원금은 '공짜 점심'이 아니라, '엄격한 조건이 붙은 소득'이다. 감사의 마음으로 받되, 회계와 세무처리는 얼음처럼 차갑고 정확하게 해야 한다.

4대보험과 '상시근로자'의 개념:
"직원이 1명인데도 4대보험을 가입해야 해요?"

• 에피소드

"이번 달에 개발자 한 분을 2개월 단기 계약으로 채용했습니다. 며칠 안 나오셨는데, 4대보험까지 가입해야 하나요?"

AI 콘텐츠 스타트업을 운영하는 A대표. 그는 급하게 필요한 개발자 1명을 2개월 단기 계약직으로 채용했다. 급여는 꼬박꼬박 지급했지만, '정직원도 아니고 상시근로자도 아니니 괜찮겠지'라는 생각에 4대보험은 가입하지 않았다.

하지만 몇 달 뒤, 국민건강보험공단으로부터 통지서 하나가 날아왔다. 내용은 이러했다.

[건강보험·국민연금 직권가입 및 보험료 소급부과 통지]

귀 사업장에 근무한 근로자 OOO에 대한 취득 신고가 누락되었음을 확인해, 국민건강보험법 제7조 및 국민연금법 제8조에 따라 아래와 같이 직권가입

> 처리 및 2개월분 보험료(사용자 부담분 포함)를 소급부과합니다. 미납 시 연체금이 가산될 수 있으니 기한 내 납부 바랍니다.

A대표는 그제야 상황의 심각성을 깨달았다. 개발자는 이미 퇴사한 뒤였고, 근로자 부담분까지 회사가 떠안아야 할 판이었다. 결국 미납 보험료에 연체금까지 더한 '세금 폭탄'을 맞은 그는 뒤늦게 후회했다.

"직원이 몇 명이든, 며칠을 일하든, 무조건 확인부터 했어야 했는데…. 제 생각이 짧았습니다."

• 해설 : 4대보험과 상시근로자, 피할 수 없는 두 개의 산

4대보험(국민연금, 건강보험, 고용보험, 산재보험)은 국가가 운영하는 사회보장 제도로, 근로자를 1명이라도 고용했다면 사업주는 의무적으로 가입하고 보험료의 일부를 부담해야 한다. 각 보험은 가입 기준이 조금씩 달라 정확한 이해가 필요하다.

〈4대보험 가입 기준 요약표〉

보험명	가입 의무 기준	핵심 포인트
산재보험	모든 근로자(근로자 1인 이상 사업장), 예외 없음.	고용 형태, 근로 시간, 국적 불문. 단 1시간 일하는 아르바이트생도 의무 가입. 사업주가 전액 부담

보험명	가입 의무 기준	핵심 포인트
고용보험	주 15시간 이상 근무 + 월 소정근로시간 60시간 이상 근무자(단, 1개월 미만 일용근로자는 월 8일 이상 근무 시)	실업급여, 고용안정사업의 기반. 정부지원금 수령의 필수 조건. 3개월 미만 단기 계약직도 가입 필수
건강보험	1개월 이상 고용 + 월 소정근로시간 60시간 이상 근무자	대표이사도 보수를 받는다면 '직장가입자'로 의무 가입 대상. '무보수 대표'는 지역가입자 대상
국민연금	1개월 이상 고용 + 월 소정근로시간 60시간 이상 근무자	대표이사도 보수를 받는다면 '직장가입자'로 의무 가입 대상. '무보수 대표'는 지역가입자 대상

○ 대표이사의 4대보험, 가장 큰 오해!

· 잘못된 상식: 대표이사는 근로자가 아니므로 4대보험에 가입하지 않는다.

· 정확한 진실: 대표이사는 '근로자'가 아니므로 고용보험과 산재보험 가입 대상에서는 제외된다. 그러나 법인으로부터 정기적인 보수(급여)를 받는다면 건강보험과 국민연금에서는 '직장가입자'로서 반드시 의무적으로 가입해야 한다. 만약 보수를 받지 않는 '무보수 대표'라면, 지역가입자로서 건강보험과 국민연금을 납부해야 한다. 즉, 보수를 받는다면 '근로자'가 아니더라도 직장가입자로서 국민연금·건강보험 가입은 필수인 것이다.

구분	고용보험·산재보험	건강보험·국민연금
보수 받는 대표이사	가입 대상 아님.	가입 의무 있음('직장가입자')
보수 없는 대표이사	가입 대상 아님.	지역가입자로 본인 직접 납부

○ 세법상 '상시근로자'는 또 다른 개념!

창업중소기업 세액감면, 고용증대 세액공제 등 각종 세제 혜택의 기준이 되는 '상시근로자'는 4대보험 가입 대상과는 개념이 다르다.

· 세법상 정의: 해당 기업에 계속해서 근로를 제공하며, 소득세법에 따른 근로소득세를 원천징수하는 내국인 근로자

· 계산 공식: 해당 과세연도 매월 말 상시근로자 수의 합 ÷ 해당 과세연도 개월 수

· 단시간 근로자 계산:

· 1개월 소정근로시간 60시간 이상: 0.5명으로 계산(단, 일부 공제는 0.75명으로 계산하는 등 차이가 있어 개별 규정 확인 필수)

[심화] 상시근로자에서 제외되는 사람

세법은 형식적인 고용이 아닌 실질적인 고용 증가를 측정하기 위해, 다음에 해당하는 사람은 상시근로자 수에서 제외하도록 명확히 규정하고 있다(조세특례제한법 시행령 제23조 제10항 등).

· 임원: 법인세법 시행령 제40조 제1항에 따른 임원(회장, 사장, 대표이사, 전무, 상무 등 이사회의 구성원 및 감사) (이유: 원칙적으로 '근로자'가 아닌 '사용자'로 보기 때문)

· 최대주주(최대출자자)와 그 친족

- 최대주주 또는 최대출자자(개인사업자의 경우 대표)와 그 배우자

- 이에 해당하는 사람의 직계존비속(그 배우자 포함) 및 형제자매

· 근로계약 기간이 1년 미만인 근로자. 다만, 근로계약의 연속된 갱신으로 그 근로계약의 총 기간이 1년 이상인 경우에는 상시근로자에 포함된다(6개월 계약을 두 번 갱신한 경우).

· 객관적 증빙이 부족한 자: 소득세 원천징수 사실이 확인되지 않거나, 국민연금·건강보험료 납부 사실이 없는 등 고용관계를 객관적으로 입증할 수 없는 사람

• 실무 TIP: 노무 리스크를 막는 3중 방어선

○ '근로계약서'는 직원이 1명이어도 반드시 작성하라

상시근로자 5인 미만 사업장이라도 근로계약서 작성은 의무다. 즉, 상시근로자 1명이어도 근로계약서 작성은 법적 의무다. 근무 시간, 급여, 업무 내용 등을 명시한 서면 계약서는 모든 노무 분쟁 대응의 시작점이자 가장 확실한 방패이기도 하다.

○ '프리랜서 계약'의 실질을 따져보라

계약서 이름만 프리랜서일 뿐, 실제로는 회사가 출퇴근 시간, 업무 장소, 내용 등을 구체적으로 지시하고 감독한다면 근로기준법상 '근로자'로 인정될 수 있다(실질이 '회사 지시 + 정해진 장소·시간 근무'). 이 경우, 4대보험 미가

입에 대한 책임(추징 및 과태료)을 회사가 지게 된다.

○ '신규 입사자 온보딩 체크리스트'를 만들어라

실수를 막는 가장 좋은 방법은 시스템을 만드는 것이다. 신규 직원이 오면 다음의 네 가지 서류를 한 세트로 처리하는 절차를 갖추는 것을 권한다.

· 근로계약서 서명 및 교부

· 개인정보 활용 동의서 및 보안서약서

· 4대보험 취득신고서 작성(입사일로부터 14일 이내)

· 급여 이체 계좌 정보 확인

4대보험 미가입은 단순히 미납 보험료와 연체금을 추징당하는 것으로 끝나지 않는다. 직원의 퇴사 후 민원 제기, 고용 관련 정부지원금 신청 자격 박탈 등 더 큰 문제로 번지는 경우가 허다하기 때문이다. 4대보험 누락은 '가장 흔한 창업 초기 실수'이자 '가장 큰 리스크'인 셈이다.

• 마무리 요약

직원 수보다 중요한 건 '근무 실질'이며, 직원 1명의 월급에는 세금과 4대보험료가 항상 함께 따라온다. 이 둘을 떼어놓고 생각하는 순간, 리스크가 시작된다.

자체기장 vs. 외부기장 :
"그냥 내가 엑셀로 정리해도 되잖아요?"

• 에피소드

지난 1년간 창업을 준비해온 E대표는 드디어 올해 11월 법인을 설립했다. 개인사업자보다 법인이 대외 공신력이 우량하고 외부 투자 유치에도 유리하다는 판단에서였다. 창업 이후 정신없이 일하다 보니 어느새 12월을 지나 1월이 밝아왔다.

그런데 국세청에서 우편물이 날라 왔는데 1월 25일까지 제2기 부가가치세 확정신고를 하라는 것이다.

"엥? 이건 무슨 말이지? 확정신고?"

주섬주섬 검색해서 공부해보니, '제2기'라는 것은 7월 1일부터 12월 31일까지 기간을 가리키는 말이고, 부가가치세 확정신고는 매년 7월 25일과 1월 25일까지 한다고 한다. 그래서 E대표는 부가가치세 신고를 외부 세무회계사무소에 의뢰하자니 수수료가 발생할 것 같아서, 부가가치세 확정신고를 해보려고 시도했다. 원래 세무의 '세' 자도 모르는 문외한이다 보니, 유튜브에서 부가가치세 확정신고 콘텐츠를 보며 공부해보았다.

"왜 이렇게 세무는 어려운거야? 무슨 말을 하는거지?"

E대표는 홈택스에 들어가서 겨우 부가가치세 신고를 마쳤지만, 스스로 잘 신고했는지 잘못했는지 분간하기 힘들었다.

3월이 되니 이제 지난 사업연도에 대해 법인세 신고를 해야 한다고 전해 들었다.

"아니, 지난 1월 25일까지 확정신고인지 뭔지 했는데 무슨 세금 신고를 또 해야 하나?"

E대표는 도대체 3월 말까지 법인세 신고를 한다는 것이 무엇인지 공부해보았다. 역시 또 유튜브에 들어가 법인세 신고 절차에 대해 스스로 연구해보았다.

"뭐라고? 장부를 결산하고… 세무조정작업도 하고… 법인세 신고서도 작성하라고? 세법 용어는 왜 이리 어려운거야? 뭔 말인지 하나도 모르겠네…."

머리가 깨질 듯한 혼란 속에서, E대표는 뒤늦게 후회했다.

"이럴 줄 알았으면 진작 외부 세무회계사무소에 맡길 걸…."

• 해설

○ '기장'의 의미

평소 우리는 자주 기장, 외부기장, 세무기장, 기장대리라는 단어를 사용하고 있다. 그렇다면 도대체 '기장'이란 무슨 뜻일까? '기장'은 장부기록의 준말이다. 즉, 회계장부에 회계처리를 기록하고 관리함을 의미한다.

'기장대리'라는 말은 누군가 우리 기업을 대신해 회계장부를 작성하고 관리하는 것을 말한다. 그래서 통상 외부에 있는 세무회계사무소 같은 곳에서 소규모 기업을 위해 장부관리를 맡아서 서비스해주고 있으므로 이를 '기장대리 서비스'라고 부른다. 그리고 장부기록을 기업이 스스로 수행하는 것을 '자체기장'이라 하고, 외부 세무회계사무소 등이 대리로 수행해주는 것을 '외부기장'이라 부른다.

○ 기장대리 서비스의 범위

만약 외부전문사무소에 우리 기업의 기장업무를 맡긴다면, 그 사무소에서 수행해줄 수 있는 기장대리 서비스의 범위는 어디까지일까? 업체마다 기장대리 서비스의 범위가 상이하나 통상적으로 그 범위는 다음과 같다.

· 회계처리 기록

· 원천세신고

· 지급명세서 제출

· 부가가치세 신고

· 근로소득 연말정산 지원

· 4대보험료 관련 업무

· 법인세(또는 종합소득세) 세무조정(법인인 경우, 법인세중간예납업무 및 법인지방소득세신고 업무 포함)

· 기타

생각보다 기장 서비스의 범위는 다양하다.

그중 법인세 세무조정 업무(법인지방소득세 신고 업무 포함)는 익년도 3월 말까지 수행하는데, 이는 한 사업연도에 딱 한 번만 이루어진다. 개인사업자의 경우에는 종합소득세 신고 업무를 익년도 5월 말까지 수행하며, 성실신고확인대상 사업자는 6월 말까지 진행한다. 근로소득 연말정산 지원업무 또한 연 1회만 수행한다.

이 두 가지 업무를 제외한 나머지 업무들은 주기적으로 이루어진다. 예를 들어, 원천세 신고 및 4대 보험료 관련 업무는 매월 수행해야 한다. 따라서 기장 대리 서비스의 보수를 정할 때는 정기적 업무와 세무조정 업무를 구분한다. 정기적 업무에 대한 수수료는 매월 월정액으로 지급하고, 세무조정 업무에 대한 보수는 세무조정을 수행한 직후 일시금으로 지급하는 방식으로 계약하는 경우가 많다.

또한 4대 보험료 관련 업무나 급여 및 수당 계산 등의 경우에는 해당 분야 전문가인 공인노무사의 도움을 받기도 한다.

○ 기장대리 서비스 외의 업무

만약 기장대리 서비스 계약을 체결했더라도, 그 범위에 포함되지 않는 사건이 발생할 수 있다. 예를 들어, 세무조사를 받게 되었을 때 우리 기업의 기장대리 사무소 전문가(회계사나 세무사 등)에게 지원을 요청할 수 있다. 이는 우리 기업의 사정과 상황을 가장 잘 이해하고 있는 전문가에게 맡기는 것이 힙리적이기 때문이다.

또한 과거 세무신고 내역에서 오류가 발견되어 수정신고나 경정청구를 해야 하는 경우에도, 기장대리 사무소에 해당 업무 지원을 의뢰하는 것이 바람직하다.

이처럼 몇 년에 한 번 발생하는 특수한 사건들을 처리하려면, 사건이 발생한 시점에 해당 문제를 해결할 전문가와 별도의 일회성 계약을 체결하는 방식이 필요하다.

○ 외부기장 대 자체기장

외부기장이란 기업 외부에 있는 세무회계전문사무소, 회계법인, 또는 세무법인 등에 기장대리 서비스를 맡기는 것을 의미한다. 반면 자체기장은 기업이 스스로 기업의 회계처리를 수행하고 회계장부 관리 및 세무 업무까지 담당하는 것을 말한다. 중견기업과 대기업처럼 규모가 있는 기업들의 경우 자체 인력을 활용해 스스로 기장업무를 수행하고 있다. 그러나

창업기업 등 중소 규모의 기업들은 대부분 외부기장 서비스를 활용하고 있을 것이다.

○ 자체기장을 할 경우 비용 소요액 추정

만약 회사가 외부기장대리 서비스를 받지 않고, 자체기장을 수행하기로 해 직원 1명을 채용한다면, 비용이 얼마나 소요될까? 신입직원 1명만 채용할 때 대략적으로 추정한 월간 비용은 다음과 같다.

[단위 : 원]

인건비 항목	추정 금액	비고
월 급여	2,096,270	2025년도 최저임금 기준. 시급 10,030원 기준으로 월 209시간(주 40시간, 유급주휴 8시간 포함) 근무 시
기업 부담 4대 보험료	209,627	회사(사업주) 부담 4대 보험료를 월급여의 10%로 가정
복리후생 식비	200,000	비과세 식대를 20만 원 가정
계	2,505,897	

즉, 가장 낮은 직급의 신입직원 1명이라고 가정하면, 월 250만 원 정도 비용이 소요된다. 다만, 직원이 1년 이상 재직하는 경우 발생하는 퇴직금이나 직원이 업무수행 시 필요한 소모품비나 개인용 PC와 부대용품(모니터 등) 등은 포함하지도 않았다. 또한 회계 및 세무처리를 위한 직원을 채용해야 하므로 신입직원 대신 최소 3~5년 정도 경력을 보유한 직원을 채용한다고 하면, 월 급여가 위 2,096,270원보다 많이 상승할 것이다.

그러나 외부 세무회계사무소에 기장대리 서비스를 위탁하게 될 경우, 중소기업은 통상적으로 매월 15~30만 원 정도의 수수료를 부담하게 될 뿐이다. 물론 1년에 한 번 세무조정 수수료가 발생하지만, 이를 감안하더라도 매월 부담하는 비용이 급격히 올라가지 않는다.

이렇게 비용만 놓고 비교해보면, 자체기장 대비 외부기장 방식이 얼마나 저렴한지 알 수 있다.

○ 자체기장 방식의 리스크

요즘은 유튜브 등에 스스로 무언가를 하도록 안내하는 콘텐츠가 참 많다. 예를 들어, 셀프 세금 신고법, 셀프 요리법, 셀프 등기법, 셀프 부동산 매매계약 체결법, 셀프 타이어 교체법 등이다. 그래서 비용을 절감하려고 스스로 자체기장을 하려는 사업주도 있을 수 있다. 만약 이렇게 자체기장을 하면서 세금 신고 등을 수행할 경우, 어떤 위험이 도사리고 있을까?

· 부정확하거나 부적절한 회계처리로 기업의 재무상황을 제대로 알려주지 못하는 재무제표가 생성될 위험이 있다.

· 절세 기회를 놓칠 위험이 있다. 세법상 적격증빙 등을 갖추지 못해 비용이 불인정되고, 그로 인해 세금이 과다하게 부과될 수 있다.

· 세법이 요구하는 기한이나 요건을 충족하지 못해 가산세 등 부과 위험이 있다. 세법에서는 원활한 세무행정을 위해 여러 가지 협력사항을 납세자가 수행하도록 요청하고 있다. 이러한 세무행정의 협력사항을 충족하지 못한 경우 가산세나 과태료가 부과될 수 있다.

· 세액공제나 세액감면 등 혜택을 놓칠 위험이 있다. 중소기업을 지원하

기 위해 세법에서는 다양한 세액공제나 세액감면 등을 제공하고 있으나 이러한 혜택도 중소기업이 적기에 신청하지 않으면 받을 수 없게 된다.

이러한 위험성을 고려하면, 장부관리와 세무관리 등을 자체적으로 수행하기보다는 외부전문사무소에게 위탁하되 외부전문가와 중소기업이 원활하게 커뮤니케이션을 진행하면서 관리하는 방식이 훨씬 안전할 것 같다.

○ 외부기장 서비스를 수행할 수 있는 전문가는 누구인가?

흔히 회계사와 세무사가 외부기장대리 서비스를 수행할 수 있는 전문가로 불린다. '회계사'란 한국공인회계사를 말하며, 이들은 회계감사와 같은 인증 업무, 경영컨설팅뿐만 아니라 세무 업무도 수행한다. 특히 공인회계사 중 세무 업무를 주된 업무로 수행하는 이들이 외부기장대리 서비스를 담당하고 있다. 물론 '세무사'들도 세무 업무의 전문가임은 두말할 필요가 없다.

이러한 외부전문가들은 주로 개인사무소, 회계법인, 또는 세무법인과 같은 조직을 갖추고 비즈니스를 수행한다. 따라서 기업은 본인의 상황과 취향에 맞추어 적합한 외부전문가를 선택하면 된다.

○ 외부세무조정 대상법인 및 외부세무조정 대상사업자

법인은 사업연도 종료일[10]로부터 3개월 이내에 법인세 세무조정을 거쳐 법인세를 신고 납부하고, 개인의 경우 소득세에 대한 세무조정을 거쳐 익년도 5월 말까지 종합소득세를 신고·납부한다. 이때 세무조정이 정확하게 이루어져야 법인세와 소득세가 세법에 따라 정확하게 산출될 것이다.

이를 위해 법인세법에서는 기업회계와 세무회계의 조정, 그리고 성실한 납세를 위해 외부전문가의 도움이 필요하다고 인정되는 내국법인을 '외부세무조정 대상법인'이라 규정하고 있다.

또한 소득세법에서도 소득금액 계산을 위한 세무조정을 정확히 수행하기 위해 외부전문가의 도움이 필요하다고 인정되는 복식부기의무자를 '외부세무조정 대상사업자'라 규정하고 있다.

이러한 외부세무조정 대상법인이나 외부세무조정 대상사업자들은, 법인세나 소득세를 신고·납부하기 위해, 자기 스스로 세무조정을 할 수 없고, 다음과 같은 전문가들에게 세무조정을 위탁해야 한다.

· '세무사법'에 따른 세무사등록부에 등록한 세무사
· '세무사법'에 따른 세무사등록부 또는 공인회계사 세무대리업무등록부에 등록한 공인회계사
· '세무사법'에 따른 세무사등록부 또는 변호사 세무대리업무등록부에 등록한 변호사

---

10 통상적으로 법인의 경우, 12월 말로 사업연도를 종료하는 법인이 대다수다. 이러한 12월 말 결산법인의 경우, 사업연도종료일로부터 3개월은 익년도 3월 31일을 가리킨다.

○ **우선 법인세법에서 규정한 외부세무조정 대상법인부터 알아보자**

내국법인 중에서 다음에 해당하는 법인은 외부세무조정 대상법인에 해당한다. 다만, 조세특례제한법 제72조에 따른 당기순이익과세를 적용받는 법인[11]은 제외한다.

· 직전 사업연도의 수입금액이 70억 원 이상인 법인 및 주식회사 등의 외부감사에 관한 법률 제4조에 따라 외부의 감사인에게 회계감사를 받아야 하는 법인

· 직전 사업연도의 수입금액이 3억 원 이상인 법인으로서 법인세법 제29조부터 제31조[12]까지, 제45조[13] 또는 조세특례제한법에 따른 조세특례(같은 법 제104조의8[14]에 따른 조세특례는 제외한다)를 적용받는 법인

· 직전 사업연도의 수입금액이 3억 원 이상인 법인으로서 해당 사업연도 종료일 현재 법 및 '조세특례제한법'에 따른 준비금 잔액이 3억 원 이상인 법인

· 해당 사업연도 종료일부터 2년 이내에 설립된 법인으로서 해당 사업연도 수입금액이 3억 원 이상인 법인

---

[11] 신용협동조합, 새마을금고, 농업협동조합, 수산업협동조합, 산림조합, 소비자생활협동조합 등

[12] 제29조【비영리내국법인의 고유목적사업준비금의 손금산입】, 제30조【책임준비금의 손금산입】, 제31조【비상위험준비금의 손금산입】

[13] 제45조【합병 시 이월결손금 등 공제 제한】

[14] 제104조의8【전자신고 등에 대한 세액공제】

· 직전 사업연도의 법인세 과세표준과 세액에 대해 법인세법 제66조제 3항 단서에 따라 결정 또는 경정받은 법인

· 해당 사업연도 종료일부터 소급해 3년 이내에 합병 또는 분할한 합 병법인, 분할법인, 분할신설법인 및 분할합병의 상대방 법인

· 국외에 사업장을 가지고 있거나 법인세법 제57조 제5항에 따른 외국 자회사를 가지고 있는 법인

다음으로 소득세법에서 규정한 외부세무조정 대상사업자는 다음과 같다.

· 복식부기의무자로서 직전 과세 기간의 수입금액이 업종별로 다음 기 준수입금액 이상인 사업자

업종	기준수입금액
가. 농업·임업 및 어업, 광업, 도매 및 소매업(상품중개업은 제외), 부동산 매매업, 기타 아래 나. 및 다.에 해당하지 아니하는 사업	6억 원
나. 제조업, 숙박 및 음식점업, 전기·가스·증기 및 공기조절 공급업, 수도·하수·폐기물처리·원료재생업, 건설업(비주거용 건물 건설업은 제외하고, 주거용 건물 개발 및 공급업을 포함), 운수업 및 창고업, 정보통신업, 금융 및 보험업, 상품중개업	3억 원
다. 부동산 임대업, 부동산업(부동산 매매업은 제외), 전문·과학 및 기술 서비스업, 사업시설관리·사업지원 및 임대서비스업, 교육서비스업, 보건업 및 사회복지서비스업, 예술·스포츠 및 여가 관련 서비스업, 협회 및 단체, 수리 및 기타 개인서비스업, 가구 내 고용활동	1억 5,000만 원

· 복식부기의무자로서 다음 어느 하나에 해당하는 사업자

- 직전 과세 기간의 소득에 대한 소득세 과세표준과 세액을 추계결정

또는 추계경정을 받은 자

- 직전 과세 기간 중에 사업을 시작한 사업자
- 조세특례제한법에 따라 소득세 과세표준과 세액에 대한 세액공제, 세액감면 또는 소득공제를 적용받은 사업자

○ 언제부터 외부기장 서비스를 이용하면 좋을까?

세법에서는 개인사업자든 법인이든 외부 전문사무소에 기장대리 서비스를 반드시 맡겨야 하는 시점을 따로 규정하고 있지 않다. 따라서 기업이 자율적으로 결정하면 된다. 어떤 사업자는 매월 지급하는 수수료가 부담스러워 최대한 자체적으로 셀프 기장이나 셀프 세무신고를 하기도 한다. 당장 매출도 발생하지 않고 있고 기업체 운영자금도 부족하기 때문에 최대한 버텨보려 하는 것이다.

하지만 외부 전문가 또는 외부 전문사무소와 협력하는 것은 창업 시점부터가 적절하다고 본다. 물론 창업 시점에서는 외부 전문가나 외부 전문사무소에 지급하는 수수료를 매우 저렴한 수준에서 합의하도록 하자. 점차 사업규모가 커지고 직원도 채용하게 되면 기장대리 수수료를 상향조정하면 될 것이다. 소소한 비용 몇 푼 아끼려다 더 큰 혜택을 놓치거나 더 큰 손실이 발생할 수도 있다. 그러므로 외부기장 방식을 채택하는 것은 이르면 이를수록 기업에 더 유리할 것으로 생각한다.

• 마무리 요약

아쉽게도 회계와 세무는 여전히 범접하기 어려운 전문가의 영역이다. 우리 기업의 업무를 자기 일을 마치 자신의 일처럼 성실히 맡아줄 전문가를 찾아, 가능한 한 이른 시점부터 외부기장 서비스를 받는 것이 바람직하다. 이는 잠재적인 위험을 줄이고, 기업 성장에도 큰 도움이 될 것이다.

[쉬어가는 페이지]
이 대표, 배당세 분리과세 꼭 해야겠소?

또 동조한 이재명의 부자감세

더불어민주당의 이재명 대표(2024년 11월 칼럼 기재 날짜 기준)가 지난 20일 '국내 주식 시장 활성화를 위한 일반 투자자 간담회'에서 "배당이 정상화될 수만 있다면 배당소득세를 낮추는 것이 세수 증대에, 총액으로 보면 오히려 더 많지 않을까 생각도 든다"며 '배당소득 분리과세'에 대해 긍정적인 입장을 밝혔다고 한다.

배당소득 분리과세란 정부가 올해 들어 '밸류업 프로그램'을 추진하며 세제 혜택 중 하나로 발표했고, 기획재정부가 지난 7월 발표한 세법 개정안 항목에도 포함되었던 사안이다.

현행 세법상 국내 주식 투자로 받은 배당금에는 일단 14%(지방소득세 포함시 15.4%)의 배당소득세가 부과된다. 그리고 만약 배당소득과 이자소득을 합친 금융소득이 연간 2,000만 원을 초과하면 금융소득종합과세 대상이 되어 다른 소득과 합산한 뒤 누진세율(6~15%, 지방소득세 포함시 6.6~49.5%)이 적용된다.

과도한 상속세율과 함께 코리아 디스카운트의 원인 중 하나로 작용해, 기업 오너 입장에서는 배당을 받고 금융소득종합과세를 내느니 배당하지 않고 사내에 자금을 유보시킨 다음, 편법적인 방법으로 활용하는 방안을 모색하게 유도하고 있다. 만약 배당소득 분리과세가 시행되어 배당소득에 매겨지는 세금이 줄어들면 배당이 늘어나고 자연스럽게 주주환원도 이뤄질 것이라는 주장이었다. 하지만 부자감세라며 야당 측에서는 반대했고, 통과가 쉽지 않아 보였는데, 문득 다시 살아 돌아온 것이다.

배당소득 분리과세의 혜택은 누구에게 돌아갈까?

이 기사를 보고, 필자는 배당소득 분리과세를 하면 누가 어느 정도의 혜택을 누릴지 분석해보고자 자료를 찾아보았는데, 이미 깔끔하게 분석한 자료가 있었다.

더불어민주당 안도걸 의원실이 제공한 자료에 따르면, 2022년 귀속분 주식 배당소득은 29조 1,838억 원, 펀드를 포함해 배당을 받은 주식 투자자는 1,724만 명이다. 이 중 상위 0.1%의 배당소득은 1인당 평균 8억 3,000만 원, 상위 1%는 1억 2,000만 원을 배당소득으로 받는다. 반면 상위 1%를 제외한 하위 99%의 배당소득은 평균 50만 원 수준이며, 하위 50%(862만 명) 배당소득은 평균 1만 원 안팎이다.

정부의 배당소득 분리과세안을 적용하면, 배당소득이 연 2000만 원 이하인 경우 우대 세율은 5%p 정도지만, 연 2000만 원이 넘는 경우는 그 우대 세율이 20%p까지 늘어난다. 배당소득을 포함한 금융소득이 2,000

만 원 이상인 경우, 최고세율을 기존 최고세율인 45%가 아닌 25%로 낮춰 적용하는 등 저율 분리과세할 수 있기 때문이다.

배당소득 평균이 8억 3,174만 원으로 추정되는 상위 0.1%(1만 7,236명)의 경우, 과세특례를 적용받는 소득이 2억 9,943만 원으로 4,342만 원의 세금감면을 받을 것으로 예상되고, 특히 재벌총수로 알려진 상위 10명(1인당 1,515억 원)은 약 79억 원의 소득세가 감면된다는 추정이다. 반면 하위 99%의 배당금은 50만 9000원 수준에 불과하다. 이 경우, 종전 대비 증가한 배당소득에 대해서만 9%(현행 14%)의 우대세율을 적용받기에 겨우 9,160원 수준의 세 감면 혜택만 받는다는 것이다.

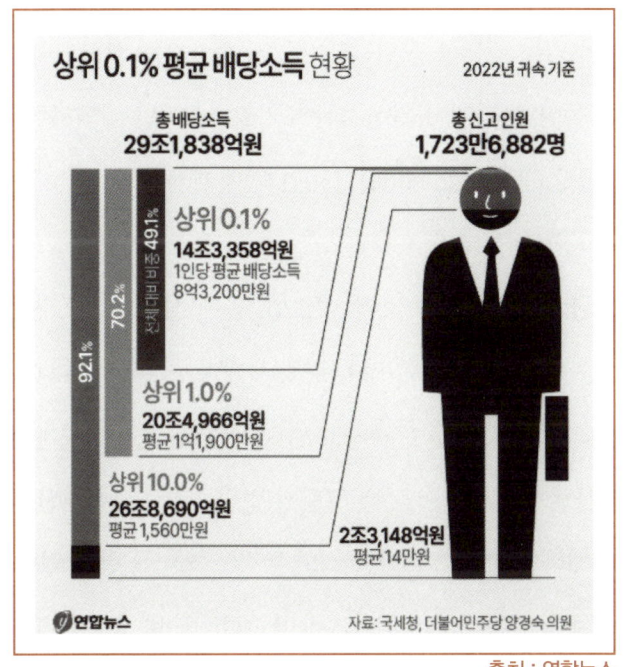

출처 : 연합뉴스

결과적으로 배당소득이 2,000만 원을 넘는 0.8%에 감세 효과가 집중한다는 것이고, 감세 효과를 추정하면, 상위 1%의 감세 효과 총액은 1조 600억 원, 하위 99%의 감세 효과 총액은 1,560억 원 정도로 상위 1%가 전체 감세 효과의 87%를 차지한다고 한다. 그야말로, 대주주와 재벌총수 등 주식 소유자 상위 0.1%에 혜택이 집중될 수밖에 없는 '부자감세' 정책이나.

가상자산 과세도 물건너가나

며칠 전, 국회전자청원에서 5만 명 이상이 동의한 가상자산 과세유예 건도 그렇다. 내년 1월 1일부터 가상자산 양도 또는 대여로 250만 원(기본 공제금액)이 넘는 수익을 올릴 경우, 22%(지방세 포함) 상당의 세금을 내야 한다. 예를 들어, 투자자가 가상자산 투자로 1,000만 원의 수익을 얻으면 기본 공제액 250만 원을 제외한 750만 원에 대해 22%인 165만 원을 세금으로 내야 한다.

그런데 금융정보분석원(FIU)에 따르면, 올해 상반기 가상자산 투자자 778만 명 중 47.6%인 371만 명이 2030세대다. 이들 가운데 63.6%가 50만 원 미만의 가상자산을 보유하고 있다. 금투세 논란 때처럼, 대부분은 가상자산 과세가 시행되어도 별 영향이 없다. 더욱이, 침체된 '국장(국내증시)'을 더 침체하게 만들 것이라는 식의 주장도 끼어들 틈이 없을 듯하다.

하지만 여당 일각에서는 가상자산에 대한 공정, 공평한 과세가 현재 준비 상황으로는 어렵고, 가상 투자자 중 대다수는 청년으로서 가상자산이 이들의 자산 형성 사다리로 활용되고 있다며 가상자산에 대한 과세를 유예해야 한다고 주장한다. 이에 발맞춰(?) 야당도 공제한도를 당초 예정했던 250만 원에서 5,000만 원으로 대폭 상향조정하는 안을 고려 중이다.

부자감세 정책이 중산층에 먹히는 까닭은?

객관적인 증거가 있어도, 그리고 결국 중장기적으로는 비합리적인 주장임을 알아도, 이러한 '정책적 역선택'이 힘을 얻고 있는 것이다. '멋지게 지면 무슨 소용, 선거는 승부'라고 했던 야당의 대표가 금투세 도입 폐지에 이어서, 이른바 '코리아 디스카운트 해소와 밸류업' 정책을 적극적으로 거론하는 모습을 보며, '현재의 주식 시장이나 경제 상황뿐만 아니라 민심도 참 심상치 않은가 보다' 하는 생각이 들었다. 어쨌거나, 당장은 (부자) 감세 정책이 먹힌다는 판단 아니겠는가!

필자는 '왜 이런 정책이 중산층 이하에게 먹힐까?' 항상 궁금했다. 정치권이 선동하는 것인지, 아니면 대중의 선호에 맞춰 정책을 제시하는 것인지, 그 선후관계는 다소 모호하지만, 중산층 이하 계층이 금투세 폐지나 대기업·부자 감세 정책을 찬성하는 이유는 무엇일까? 흔히 거론되는 몇 가지를 간단하게 정리하면 이렇다.

우선 감세 정책이 기업의 투자 확대와 경제 활성화로 이어지고, 결국 더 많은 일자리를 창출할 것이라는 논리, '기업이 돈을 벌면 모두가 잘 살게 된다'는 '낙수 효과(trickle-down effect)'를 기대한다는 것이다.

또한, 주식, 펀드, 가상자산 등 금융시장 참여가 대중화되면서, 투자에 대한 세금 부담 완화가 모두의 이익이 될 것이라는 생각이 확산되어, 배당소득 분리과세나 금투세 폐지와 같은 정책이 자신들에게도 직접적 혜택을 줄 것이라는 믿음을 가지게 되었다는 설명도 있다.

여기에 세금은 정부가 개인의 소득이나 자산에 강제로 손을 댄다는 느낌이 있다. 따라서 일반적으로 부정적인 이미지를 가진다. '내 돈을 빼앗긴다'는 심리적 반발감이, 감세 정책에 대한 찬성으로 이어진다는 것이다.

지난 11월 25일 국회 본청 앞에서 조국혁신당과 진보당 등이 '부자감세 거부, 민생 복지 예산 확충 촉구 야4당 및 노동, 시민사회 단체 기자회견'을 열고 정부의 부자감세 정책을 강하게 성토하며 더불어민주당의 동참을 요구하고 있다.

멋지게 이길 자신없다고 이렇게까지?

하지만 실제로 낙수효과는 과거 경험에서 확인할 수 있듯이, 제대로 작동하지 않은 경우가 더 많았다. 또한 금투세 폐지 같은 감세 정책이 주식이나 금융 상품에 투자한 소규모 투자자들에게도 적용되고 중산층 이하의 실질 소득 증가에 기여할 것이라 기대하지만, 실상은 고액 자산가와 대기업이 대부분의 혜택을 가져갈 뿐이다.

금투세도 그렇고, 배당소득 종합과세나 가상자산 과세는 기본적으로 근로소득(노동소득)과 자본소득 간의 과세 불균형 해소와 '소득이 있는 곳에 세금이 있다'는 공평과세원칙에 기초한다. 결국 이런 제도의 폐지나 유예는 자산이 많은 고소득층이 주로 혜택을 보게 되어, 오히려 소득 불평등을 심화시킬 가능성이 있고, 이는 장기적인 세수 감소와 재정적 지속 가능성 문제를 야기할 수 있다.

결국, 실제로 그리 크지도 않은 단기적 혜택인, 소득 증대나 경제 활성화에 주목하다가 중산층 이하 계층은 세수 감소로 인한 복지 축소라는 중장기적 부작용에 희생양이 될 가능성이 높다.

당장의 대중적 지지를 얻기 위해 '투자 위축을 막기 위해 필요하다', '주식 시장 활성화에 도움이 된다', 그래서 '결국 모두에게 도움이 된다'는 식으로 복잡한 경제적 문제를 단순화하고, 정책의 장기적이고 실질적 효과보다 정치적 목적을 우선시한다면, 이게 바로 포퓰리즘 그 자체 아닐까?

더군다나 지금 폐지나 유예를 거론하는 정책들은 모두 몇 년 전 여야 합의를 통해 과세가 결정되었던 사안들이다. 정책의 안정성이나 신뢰 모두를 스스로 거스르며 이랬다 저랬다를 반복하고 있는 것이다.

여야 모두 멋지게 이길 자신이 없다는 것은 어느 정도 이해가 되지만, 5년 뒤, 10년 뒤에도 국민의 삶은 온전히 계속되어야 한다. 이렇게 기본적인 이야기를 쓰고 있는 필자에게 이른바 '현타'가 오는 것은 단순한 오버일까?

공인회계사/세무사 임방진(더칼럼니스트, 2024.11.27)

PART 2

살아 있는 회사 만들기 :
운영 중 꼭 챙겨야 할 세무와 회계 실무

증빙·영수증 관리가 절세의 시작이다 :
"영수증 보기를 돈같이 하자"

• 에피소드

J대표는 이번 사업연도 가결산 결과를 받아들고 깊은 고민에 빠졌다. 이번 연도에도 적자가 지속되었기 때문이다. 최근 몇 년 동안 그는 사업 수익성을 제고하기 위해 다양한 방법을 동원했다. 비용 지출을 절감하기 위해 원재료를 매입하는 거래처에는 세금계산서를 받지 않고 현금으로 대금을 지급했다. 그렇게 하면 거래처에서 10% 저렴한 가격으로 거래해 주었기 때문이다. 그렇게 노력했음에도 불구하고 이번 사업연도도 역시 영업이익을 내지 못했다는 사실에 J대표는 답답함을 감추지 못했다.

얼마 후 법인세 세무조정 초안에 대해 재무팀장으로부터 보고를 받았는데, 적격증명서류 수취 불성실가산세라는 것이 2,000만 원 정도 발생했다고 한다. J대표는 결산 결과, 적자이므로 납부할 법인세액도 없으니, 그 가산세도 납부하지 않아도 되는 것 아닌지 재무팀장에게 검토해보라고 했다. 재무팀장의 검토 결과는 다소 충격적이었다. 적격증명서류 수취 불성실가산세라는 것은, 납부할 법인세액이 나오지 않더라도, 납부해야 하는 가산세라고 한다.

"아니, 결산을 해보니 손실이 났고 그래서 법인세 산출세액도 없는데 가산세를 내라고? 그렇지 않아도 적자가 지속되어 운영자금도 부족한데 가산세를 내야 하다니…."

결국 J대표는 지푸라기라도 잡는 심정으로 노련한 회계사에게 자문을 구한다.

• 해설

○ 거래증빙에도 CLASS가 있다

사업을 하면서 원재료를 구입하거나 다양한 경비를 지출할 때 거래처로부터 증빙을 수취하게 되고, 매출이 발생할 때는 기업도 증빙을 거래처에 제공한다. 세법에서는 다음을 적격증명서류(이하 '적격증빙'이라 함)이라고 해서 기타증빙과 구분하고 있다.

〈적격증빙〉

· (전자) 세금계산서

· (전자) 계산서

· 신용카드(체크카드 포함)

· 사업자용(지출증빙용) 현금영수증

즉, 세법에서는 이러한 적격증빙 외의 증빙서류, 예를 들어, 간이영수증, 거래명세서, 송금증, 입금증 등은 '비적격증빙'으로 간주하고 있다. 사업자가 사업상 거래를 하면서 적격증빙서류를 수취하지 않을 경우, 세법은 기본적으로 거래의 발생 사실을 믿지 않고 사업자에게 세법상 불이익을 준다는 것이다. 그러므로 사업상 거래를 하면서 재화를 공급받거나 용역을 제공받는 경우, 세금계산서나 계산서, 신용카드, 그리고 현금영수증을 수취하는 것이 중요하다.

거래할 때 적격증빙을 수취하지 않은 경우, 우선 부가가치세를 고려하면, 부가가치세 매입세액공제를 받지 못해 부가가치세 납부세액이 증가하게 된다. 또한 소득세나 법인세를 고려하면, 적격증빙을 수취하지 않아 증빙자료로 제시하지 못하는 경우, 지출한 금액을 비용으로 인정받지 못할 수도 있다. 그러면 수익(총수입금액)에서 차감할 비용(필요경비)이 감소해 과세이익이 증가하고 결과적으로 납부할 소득세나 법인세가 증가할 것이다.

물론 소득세나 법인세를 계산할 때, 적격증빙을 수취하지 않고 다른 영수증(예를 들면, 간이영수증, 거래명세서, 출금증, 입금증 등)을 제시해 업무 관련 비용임을 입증할 수 있다면 세법에서 인정하는 비용이 될 수도 있다. 그렇게 비용으로 인정될지라도 적격증빙을 수취하지 않은 점에 대해서는 세법은 '적격증명서류 수취 불성실가산세'를 부과한다. 적격증명서류 수취 불성실가산세는, 사업자가 사업과 관련해 다른 사업자로부터 재화나 용역을 공급받고 적격증명서류를 수취하지 않거나 사실과 다른 증명서류를 수취한 경우 부과되며 다음과 같이 계산된다.

> 적격증명서류 수취 불성실가산세 = 적격증명서류 미수취 금액 불명분 금액 X 2%

○ 결손이 나서 낼 세금이 없어도 가산세는 부과된다

이러한 가산세가 두려운 것은, 세무조정 신고 결과 당해연도에 손실이 많거나 이월결손금이 많아 법인세나 소득세로 납부할 세액이 없더라도 그와 상관없이 가산세를 납부해야 한다는 점 때문이다. 손실이 나서 한 푼이 아쉬운 상황임에도 불구하고 가산세를 내야 하는 것이다.

다만, 적격증명서류를 받지 않았다 하더라도 가산세가 부과되지 않는 경우도 있는데, 대표적인 사례를 들면 다음과 같다.

· 기업업무추진비 중 건당 3만 원(경조금은 건당 20만 원)을 초과한 것으로서, 적격증명서류 미수취해 법인세법상 손금불산입(또는 소득세법상 필요 경비 불산입)된 경우

· 공급받은 재화·용역의 건당 거래금액(부가가치세 포함)이 3만 원 이하인 경우, 농·어민으로부터 재화·용역을 직접 공급받은 경우 등 영수증을 수취해도 무방한 경우

· 비영리법인과의 거래(단, 수익사업과 관련된 부분은 제외한다)

· 국가 및 지방자치단체와의 거래

· 은행, 보험회사, 신용카드사(금융·보험용역)에 지출한 각종 수수료

· 국내사업장이 없는 외국법인과의 거래

· 택시, 철도, 항공 운송용역 등을 제공받은 경우

· 토지 또는 주택을 구입하거나 주택의 임대업을 영위하는 자(법인을 제외
한다)로부터 주택임대용역을 공급받은 경우

· 공매·경매 또는 수용에 의해 재화를 공급받은 경우

· 재화공급계약·용역제공계약 등에 의해 확정된 대가의 지급 지연으
로 인해 연체이자를 지급하는 경우

○ 인건비는 어떤 증명서류가 필요할까?

종업원이 있는 경우 매월 종업원 인건비가 지출된다. 그렇다면 이러한 인건비에 대한 적격증명서류는 무엇일까? 적격증명서류 수취 불성실가산세란, 사업자가 사업과 관련해 다른 사업자로부터 재화나 용역을 공급받고 적격증명서류를 수취하지 못한 경우에 부과되는 것이다. 그런데 종업원이 근로 용역을 기업에 제공하고, 그에 대한 대가로 기업이 인건비를 지급하는 것은 사업자가 다른 사업자로부터 용역을 제공받는 것에 해당하지 않는다. 따라서 인건비 지급은 적격증명서류 수취 불성실가산세와는 무관한 지출이다. 다만, 인건비를 지급하고 세법상 비용으로 인정받기 위해서는 인건비 이체내역이나 원천징수영수증을 갖추어야 하며, 동시에 원천세 신고와 지급명세서 제출 절차가 필요하다.

○ **금융기관으로부터 차입금 상환을 하고 이자비용을 지급하는 경우, 증빙은 어떻게 할까?**

사업을 하다 보면 부득이 은행 등으로부터 차입하고 원금을 상환하고 이자비용도 내야 한다. 이러한 금융거래의 경우, 어떠한 증명서류가 필요할까?

차입금의 원금을 상환하는 것은 비용을 지출하는 것에 해당하지 않는다. 차입금의 이자비용을 대출자(금융기관)에게 지급하는 금액이 비용에 해당하고, 대출금융기관 입장에서는 수익에 해당할 것이다. 부가가치세법상 이러한 금융용역은 부가가치세 면세 대상 거래이므로 적격증빙이 없어도 다른 증빙서류를 갖추면 세법상 비용으로 인정된다.

• 마무리 요약

사업자가 부담해야 할 주요 세금에는 부가가치세, 소득세, 법인세가 있다. 이러한 주요 세금을 절감하기 위해서는 반드시 적격증명서류를 수취하는 것이 가장 확실하고도 기본적인 절세 방법이다.

접대비 처리의 실무 팁 :
"다 업무 관련인데 왜 비용처리가 안 되죠?"

• 에피소드

C대표는 매월 거래처 경조사비 때문에 고민이다. 거래처가 많다 보니 경조사비 지출이 만만치 않기 때문이다. 거래처와의 관계를 고려하면 축하 화분, 조화, 부의금, 축의금 등의 경조사비를 무시할 수도 없다. 게다가 거래처 대표 자녀의 돌잔치까지도 챙기려고 하니 '이런 것까지 우리 회사가 신경써야 하나'라는 자괴감도 든다.

그런데 어느 날, 알고 지내던 사업체 대표에게 "거래처 경조사비가 절세에 도움이 되기 때문에 경조사와 관련된 증빙은 따로 보관하고 있어야 한다"라는 말을 들었다. 그동안 C대표는 거래처가 보내주는 경조사 관련 자료를 별도로 보관하지 않고 있었던 것이다.

"거래처 부의금이나 축하금은 현금으로 지급해버렸으니 지출 증빙도 받을 수 없는데, 도대체 어떻게 증빙을 받아야 하는가? 축하 화분을 보낼 때는 화분을 샀던 업체로부터 간이영수증이라도 받았으니 그거라도 챙겨서 보관할 수는 있겠고…. 그런데 거래처와의 친분관계를 생각해서 지출하는 비용도 절세에 도움이 된다는 것이 정말인가?"

• 해설

○ **거래처 접대비가 절세에 도움이 될까?**

먼저, 접대비가 어떤 비용인지 알아보자. 요즘은 접대비라는 어휘 대신 '기업업무추진비(이하 '업무추진비'라 함)'라는 용어를 사용한다. 법인세법 제25조에 따르면, 업무추진비란 접대, 교제, 사례 또는 그 밖에 어떠한 명목이든 상관없이 이와 유사한 목적으로 지출한 비용으로서, 기업이 직접 또는 간접적으로 업무와 관련이 있는 자와 업무를 원활하게 진행하기 위해 지출한 금액이다.

즉, 거래처 경조사비, 거래처에 명절선물비용, 거래처 임원을 위한 골프비용, 거래처와의 식사비 등이 전형적인 업무추진비에 해당한다.

한편, 기업이 직간접으로 업무와 관련이 있는 자에게 금전이나 물품을 제공하면 업무추진비가 될 수 있으나 만약 기업이 업무와 관련이 없는 자에게 금전이나 물품을 제공하면, 이는 기부금이라는 계정으로 회계처리 될 것이다. 또한 기업이 직간접으로 업무와 관련이 없는 대중에게 광고나 홍보 목적으로 금전이나 물품을 제공하면, 이는 광고선전비나 홍보비로 회계처리 될 것이다.

업무추진비는 명백하게 사업과 관련된 지출이므로 사업유관비용에 해당하나 과도하게 거래처 접대 목적으로 회사자금이 사용되는 것을 통제하기 위해 세법에서는 업무추진비를 인정해주는 한도를 규정해놓았다.

○ 중소기업은 최소 연간 3,600만 원까지 비용을 인정해준다

세법에서 인정하는 업무추진비의 연간 한도는 ① 기본 한도와 ② 수입금액별 한도로 구성된다.

첫째, 기본 한도는 다음과 같다.

기본 한도 = 1,200만 원(중소기업의 경우 3,600만 원) X 해당 사업연도 개월수/12

둘째, 수입금액별 한도는 다음과 같다.

수입금액	한도 비율
100억 원 이하	0.3%
100억 원 초과~500억 원 이하	3,000만 원 + (수입금액 − 100억 원) X 0.2%
500억 원 초과	1억 1,000만 원 + (수입금액 − 500억 원) X 0.03%

다만, 수입금액 중 특수관계인과의 거래에서 발생한 수입금액에 대해서는 그 수입금액에 위의 표에 규정된 비율을 적용해 산출한 금액의 100분의 10에 상당하는 금액으로 한다.

그러므로 중소기업의 경우 업무추진비의 기본 한도는 연간 3,600만 원이며, 이는 세법에서는 최소 3,600만 원만큼은 비용으로 인정해주는 것이다. 그리고 매출이 증가할수록 업무추진비로 인정해주는 한도는 상향되는 구조다.

○ 적격증명서류를 수취해야 비용으로 인정된다

세법에서는 업무추진비를 지출하고도 적격증명서류를 수취하지 않으면 비용(손금)으로 인정하지 않는 불이익이 있다. 구체적으로는 '한 차례의 접대'에 지출한 업무추진비 중 3만 원(단, 경조금은 20만 원)을 초과하는 업무추진비로서, 다음 어느 하나에 해당하지 않는 것은 비용(손금)으로 인정하지 않는다.

· 신용카드[15]를 사용해서 지출한 업무추진비
· 현금영수증을 교부받고 지출한 업무추진비
· 세금계산서·계산서를 발급받거나 매입자발행세금계산서·매입자발행계산서를 발행해 지출한 업무추진비
· 원천징수영수증을 발행해 지출한 업무추진비

예를 들어, 중요한 A거래처와의 우호적 관계 형성을 위해 대표와 함께

---

15 직불카드, 외국에서 발행된 신용카드, 기명식 선불카드, 직불전자지급수단, 기명식 선불전자지급수단, 기명식 전자화폐 포함

골프 라운딩을 했다고 하자. 이때 발생한 업무추진비가 50만 원이라면, 이는 3만 원을 초과하는 비용이므로 반드시 신용카드 등으로 지출해 적격증빙을 갖춰야 세법상 비용(손금)으로 인정받을 수 있다.

다른 사례를 보자. 거래처 팀장과 미팅 후 식사를 함께하고, 그 식사비와 음료값으로 27,000원을 대신 지불했다고 하자. 이 금액은 3만 원을 넘지 않으므로, 적격증빙이 없더라도 다른 자료로 업무추진비임이 입증되면 전액 비용으로 인정받을 수 있다.

물론 해외에서 지출한 업무추진비라든가, 농어민으로부터 직접 재화를 공급받은 경우 등 일부 예외적인 상황에서는 적격증빙 없이도 세법상비용으로 인정될 수 있다.

○ 경조사비 증빙도 잘 보관해야 절세한다

거래처와 관련된 경조사비 역시 업무추진비에 해당한다. 예를 들어, 거래처 공장 준공식에 보내는 축하 화분, 거래처 임원의 결혼·장례 시 축의금이나 부의금, 축하 화환·조화 등에 쓰는 비용이 모두 포함된다.

문제는 이런 비용을 현금으로 지출할 경우, 신용카드처럼 적격증빙을 확보하기 어렵다는 것이다. 따라서 이를 입증하려면 문자 메시지 캡처, 부고장, 청첩장, 돌잔치 초대장, 이메일 등을 반드시 보관해야 한다. 한편 경조금 중에서도 한 차례 접대에 20만 원을 초과하는 경우, 적격증빙이 없으면 전액 비용으로 인정되지 않는다.

○ 이왕이면 업무추진비 지출 관련 내부 문서도 잘 갖추어놓자

업무추진비가 세법에서 비용 인정을 받기 위해서는 적격증명 서류를 수취해야 한다고 했다. 아울러 기업 내부적으로도 업무추진비로 지출하기 위한 문서를 잘 갖추어놓으면 좋을 것이다. 예를 들어, 중요 거래처 관련 경조사비를 지출하려고 할 경우, 지출결의서 등 내부 문서가 작성되어서 그 문서에 지출 목적, 지출 금액, 지출 방법, 그리고 지출 시기 등 사항을 기재하고 담당자들의 승인 서명이 있으면 좋을 것이다.

○ 귀속 불분명하고 증빙이 없는 업무추진비는 대표자에게까지 불이익이 있다

회사 장부에 기재된 업무추진비 중에서, 그 귀속이 불분명하고 관련 증빙이 누락되었다면, 그 금액은 세법상 '대표자 상여'로 간주된다. 그 불분명한 금액은 일단 법인의 비용으로 불인정되어 법인의 과세이익을 증가시키고, 대표자 개인적으로는 대표자가 상여를 받아간 것으로 간주되어 대표자의 소득세 부담이 커지는 불이익이 있다.

• 마무리 요약

기업업무추진비도 원활한 사업관계 형성에 꼭 필요한 비용이다. 그러므로 세법에서 정한 한도 내에서 합리적으로 지출하되, 반드시 적격증명 서류를 수취해 세법상 불이익을 받지 않도록 하자.

급여·수당·퇴직금의 원천징수 :
"급여만 줬는데 왜 가산세가 나와요?"

• 에피소드

"저희는 아직 팀원이 적어서, 세금은 연말에 한꺼번에 정산하려고 했습니다."

창업 2년 차, B사는 대표와 CTO, 인턴 2명으로 구성된 소규모 팀이었다. 대표는 매달 월급날에 정확히 급여를 이체했지만, 원천세 신고와 4대보험 납부는 '번거롭다'는 이유로 미뤄두었다. 어차피 연말정산 때 한 번에 처리하면 될 것이라 생각했기 때문이다.

그러나 다음 해 초, 국세청과 공단에서 연달아 '해명 및 납부 통지서'가 날아왔다.

- 원천징수납부 등 불성실 가산세(소득세법 제158조): 미납세액의 10% 한도
- 4대보험료 연체금(국민건강보험법 제80조 등): 일 단위 복리로 불어나는 연체이자

· 퇴직급여 미적립 과태료 (근로자퇴직급여 보장법 제44조): 미적립액 기준 최

대 30%

대표는 당황했다.

"세금을 안 내려고 한 게 아닙니다. 개발에 집중하느라 여유가 없었을

뿐인데…."

• 해설 : 원천징수, 급여 지급의 그림자 같은 의무

회사가 직원에게 급여를 지급하는 순간, 그 회사는 소득세법 제127조

등에 따라 '원천징수의무자'가 된다. 이는 급여를 '주기 전'에 직원이 내야 할

세금과 4대보험료를 '미리 떼어' 국가에 대신 납부할 의무가 발생했음을 의

미한다. '일단 주고 나중에 정산'이란 개념은 세법에 존재하지 않는다.

○ 원천징수의 기본 흐름

항목	원천징수 내용	납부 기한 및 방법
근로소득세	근로소득 간이세액표에 따라 급여액과 부양가족 수에 맞춰 계산	급여 지급일이 속하는 달의 다음 달 10일까지 세무서에 신고·납부
지방소득세	근로소득세의 10%	위와 동일한 기한 내에 관할 지방자치단체에 신고·납부
4대보험료	국민연금, 건강보험, 고용보험, 산재보험의 근로자 부담분	각 공단에서 고지된 금액을 다음 달 10일까지 공단에 납부(회사는 근로자 부담분과 회사 부담분을 합쳐서 납부하게 됨)
퇴직연금	DC형 또는 DB형 퇴직금 제도 적립	1년 이상 근로자 대상, 매월 적립해야 하는 것은 아니나, 정기적 적립 권장
납부 방식	매월 납부가 원칙. 단, 상시근로자 20인 이하 사업장은 승인 신청 후 '반기별 납부' 가능	반기별 납부는 행정 부담을 줄여주는 좋은 제도이므로 적극 활용

[심화] 원천징수 불성실 가산세의 구조

원천세 신고·납부를 놓치면, 다음과 같이 가산세가 부과된다.

· 미납세액의 3%를 기본 가산세로 부과한다.
· 여기에 더해 미납 기간 1일당 0.022%의 지연이자가 붙는다.

이 둘을 합한 금액이, 최종적으로 미납세액의 10%를 한도로 부과된다.

따라서 "별거 아니겠지" 하고 방치하다 보면, 오히려 본세보다 가산세가 더 커지는 상황이 생길 수 있다.

○ 수당·성과급·퇴직금의 숨은 세금 이슈

항목	비과세 한도	세무상 처리	유의사항
식대(식사대)	월 20만 원	현물(식사) 제공이 없는 경우에만 적용. 월 20만 원까지 비과세	2023년부터 비과세 한도가 월 10만 원에서 20만 원으로 상향됨.
자가운전보조금	월 20만 원	직원 본인 명의(또는 부부 공동명의) 차량을 업무에 사용한 경우 비과세	실제 소요된 유류비 등을 별도로 정산받지 않는 경우에 한함.
연구보조비	월 20만 원	'기업부설연구소' 또는 '연구개발전담부서' 소속 연구원에게 지급 시 적용 가능함.	연구개발전담부서가 아닌 경우 인정받지 못할 수 있음.
성과급/인센티브	전액과세	근로소득에 합산해 원천징수	지급 규정, 성과 평가 근거 등이 없으면 법인의 비용(손금)으로 인정받지 못할 수 있음.
퇴직금	전액과세	퇴직소득으로 분류해 별도 세율로 원천징수	1년 이상 근무 시 의무 발생. DC형/DB형 퇴직연금에 가입해 관리하는 것이 원칙

• 추가 실무 TIP

프리랜서 대금 지급 시 '3.3% 징수'와 '지급명세서 제출'은 한 세트다

외주 개발자, 디자이너, 마케터 등 개인에게 용역 대가를 지급할 때는 근로소득이 아닌 '사업소득'으로 보아, 반드시 소득세 3% + 지방소득세 0.3% = 3.3%를 떼고 지급해야 한다.

· 1단계: 원천징수한 세액은 다음 달 10일까지 국세청에 신고·납부한다.

· 2단계: 다음 해 2월 말까지 '사업소득 지급명세서'를 국세청에 반드시 제출. 지급명세서 제출을 누락하면 별도의 가산세(미제출 지급액의 1%)가 부과되므로 놓치면 안 된다.

급여 지급, '자동화 시스템'에 맡기는 대안도 고려하자

급여 계산, 세금 및 4대보험료 산정, 급여 이체, 원천세 신고 파일 생성까지. 이 모든 과정을 자동화해주는 클라우드 기반의 급여·인사(HR) 서비스를 이용하는 것도 좋은 대안이다.

퇴직금은 '퇴직연금' 계좌로 안전하게 관리하라

근로자퇴직급여 보장법에 따라, 1년 이상 계속 근로한 직원이 퇴사하면 반드시 퇴직금을 지급해야 한다.

스타트업의 경우, DC형(확정기여형)을 추천. 회사는 매년 연간 임금 총액의 1/12 이상을 납입하면 의무가 끝나고, 납입액은 즉시 법인 비용으로 인정된다. 직원 개인이 직접 운용하므로 투자 성과에 대한 회사의 책임도 없다.

• 마무리 요약

급여의 완성은 '이체 확인'이 아니라 '원천세 신고 완료' 버튼을 누르는 것이다. 이 버튼을 누르면, 가산세, 연체금, 과태료라는 세 개의 버튼이 대신 눌러질 수 있다.

법인카드와 대표 개인카드, 어디까지 허용될까?

• 에피소드

C대표는 5년 전 창업한 이후 매출이 꾸준히 성장해, 이제는 제법 많은 세금을 내는 사업체를 운영하고 있다. 아직은 개인사업자이지만, 세 부담이 더 커지면 법인 전환도 고려 중이다.

평소 친분 있는 한 업체 대표가 "법인으로 전환하면 개인사업자 때보다 절세 효과가 있다"라는 말을 한 적도 있었다. 사실 작년에 종합소득세로 납부한 세금만 떠올려도 속이 쓰린 C대표였다.

'어떻게 하면 종소세 좀 줄일 수 있으려나?'

늘 고민하던 C대표는, 최근 본인이 한의원에서 처방받은 보약의 신용카드 영수증을 떠올렸다. 보약값은 500만 원이었는데, 본인의 건강을 위한 약이었다.

'내가 사업 스트레스로 건강이 악화되었으니 이 보약을 잘 먹고 건강을 회복하고 다시 열심히 사업해야지.'

C대표는 약값은 사업을 열심히 하기 위해 지불한 비용이므로 사업과 관련된 비용이라 스스로 합리화하고 회계장부에 복리후생비라는 비용으로 반영하려고 했다.

시간이 지난 후 관할 세무서에서 한 통의 전화가 C대표에게 걸려온다. 한의원에 지불한 500만 원이 어떻게 사업 관련 비용인지 소명해달라는 전화였다.

과연 세무서에서는 한의원 보약값을 C대표 사업과 유관한 비용으로 인정해줄까?

• 해설

○ 사업유관 비용 대 업무무관 경비

사업을 통해 이익이 발생하면 그에 따라 법인세 또는 소득세를 납부하게 된다. 세금을 합법적으로 절감하는 것은 괜찮으나 무조건 세금 절감을 위해 세법에 위배된 방법으로 비용을 과다하게 장부에 반영하면, 이는 탈세라고 할 수 있다. 탈세한 것이 적발되면 세무조사를 받아 세액을 추징당하고 가산세까지 부담하는 곤란을 겪을 수 있다. 그러므로 합법적인 절세 방법을 동원해 세금을 감소시키는 것이 최선일 것이다.

세법에서는 사업이나 업무와 무관한 비용은 세법상 비용으로 인정해주지 않는다. 즉, 비용이 감소하게 되어 이익이 증가하고 결과적으로 세금이 늘어난다. 이는 법인의 사업이든 개인사업자의 사업이든 동일하게 적용된다.

우선, 법인세법에서는 다음과 같은 업무무관비용을 비용[16]으로 인정하지 않는다.

· 업무무관자산을 취득하고 관리함으로써 발생하는 비용
· 해당 법인이 사용하지 않고 타인이 주로 사용하는 장소, 건축물, 물건 등의 유지비·관리비·사용료 등
· 해당 법인의 주주 등(소액주주 등은 제외) 또는 출연자인 임원 또는 그 친족이 사용하고 있는 사택의 유지비·관리비·사용료 등
· 업무무관자산[17]을 취득하기 위해 지출한 자금의 차입과 관련되는 비용

개인사업자의 세금을 규정하고 있는 소득세법에서도 다음과 같은 비용은 비용으로 인정하지 않는다.

· 가사관련경비. 예를 들면, 자녀에게 주택을 무상으로 사용하게 하고 자녀가 그 주택에 실제 거주하는 경우, 그 주택과 관련된 제반경비는 가사관련경비로서 사업과 관련이 없다.
· 업무무관경비. 법인세법과 일맥상통하는 것으로서 사업의 업무와 관

---

[16] 기업회계에서의 '비용'과 유사한 단어로서, 법인세법에서는 '손금'이라 하고 소득세법에서는 '필요경비'라고 부른다. 이에 대응하는 어휘로서 회계에서는 '수익', 법인세법에서는 '익금', 소득세법에서는 '총수입금액'이 있다.
[17] 업무에 사용하지 않는 부동산이나 자동차, 선박 및 항공기, 서화 및 골동품 등

련이 없다고 인정되는 금액은 업무무관경비다.

그러므로 법인카드를 사용하든, 개인사업자의 대표자가 개인카드를 사용하든 상관없이 사업과 무관한 비용은 세금을 절감해주지 않는다는 점을 명심해야 한다.

○ 개인사업자는 사업용 신용카드를 사용하자

법인은 주주와 다른 법적 인격체로서 법인의 목적사업을 영위하며 존속한다. 따라서 법인의 임직원이 법인카드를 사용해 지출행위를 하면 일단 법인의 사업 목적을 위한 것으로 간주된다.

그러나 개인사업자의 경우는 상황이 다르다. 개인사업자가 카드를 사용해 비용을 결제하면 이는 사업과 유관한 것일 수도 있고, 개인사업자의 개인적인 지출일 수도 있다. 따라서 개인사업자의 경우, 개인적인 지출과 사업적 지출을 명확히 구분해서 관리하기 위해 홈택스에 '사업용 신용카드'를 등록하고, 사업 관련 지출이 있을 시에는 가급적 사업용 신용카드를 사용해야 한다.

사업용 신용카드 등록은 홈택스에서 가능하며, 신용카드, 체크카드, 기명으로 전환된 충전식 선불카드(지역화폐 및 기프트 카드만 해당) 등 최대 50개까지 등록 가능하다. 다만, 가족카드 및 기프트카드, 충전식 선불카드, 직불카드, 백화점 전용카드는 사업용 카드로 등록이 불가하다.

사업용 신용카드 사용이 의무사항은 아니지만, 개인사업자가 사업용 신용카드를 홈택스에 등록해 사용하면, 다음과 같은 장점이 있다.

경비 처리가 편리해진다

사업용 신용카드를 홈택스에 등록해서 사용하면 사업을 위해 사용한 카드 사용내역이 자동으로 홈택스에 반영된다. 이로써 개인사업자는 사용경비 관련 신용카드 매출전표 등을 별도로 수취해 관리하지 않아도 된다. 반대로 사업용 신용카드를 홈택스에 등록하지 않고 경비 지출할 경우, 종합소득세나 부가가치세 신고 시, 카드사로부터 신용카드 매출전표 등 증빙자료를 직접 수령해 공제항목에 추가해야 하는 불편함이 따른다.

정확한 세금신고도 가능하다

사업용 신용카드 사용내역이 자동으로 홈택스에 반영되므로, 매출액과 비용을 신고하는 과정에서 실수로 인한 누락을 방지할 수 있다. 그래서 사업 관련 경비를 빠뜨리지 않고 반영할 수 있어 절세에 유리하다.

물론 사업용 신용카드를 실수로 개인적인 지출에 사용할 수도 있으나 그러한 지출 건은 종합소득세 신고시 사업 관련 비용(필요경비)에서 제외시켜 소득세 신고를 해야 하는 불편이 뒤따른다.

○ 국세청이 예의주시하는 카드 사용 사례

법인이든 개인사업자든 요즘은 대부분 신용카드를 활용해서 지출하고 있다. 이렇게 법인카드나 개인사업자 신용카드를 사용하고, 법인세나 종소세 신고 시 이들 카드 사용분을 사업유관비용으로 포함해 신고하는 경우, 국세청이 예의주시하는 지출 항목들이 있다.[18] 대표적인 사례는 다음과 같다.

- 대표자의 특수관계자[19]에게 인건비를 지급한 경우
  → 특수관계자가 실제로 사업 수행 과정에서 업무를 했는지, 그리고 그에 대한 정당한 대가로 급여나 사업소득을 지급했는지를 입증할 수 있는 증빙 필요
- 사업장 관할을 벗어난 지출 건
  → 예: 대표자나 임원의 자택 근처에서 발생한 지출·업무시간 외 지출 건(예를 들어 심야시간, 공휴일 또는 명절 기간 신용카드 사용 건들)
- 지출 성격이 기본적으로 비사업용으로 추정되는 건
  → 예: 의약품비, 병원 치료비, 유흥주점 지출, 자녀 교육비, 고가 사치품 구입비 등
- 해외 카드 사용 건들

---

[18] 대한민국의 국세청은 세계 일류의 첨단 데이터분석시스템을 보유하고 있음을 기억하자.
[19] 대표자의 특수관계자의 전형적인 예는 대표자의 부모, 대표자의 배우자, 대표자의 자녀나 손자, 대표자의 배우자의 부모 등이 있을 것이다.

이와 같은 카드 사용 건을 법인세나 종소세 신고 시 비용 항목으로 반영하려면, 반드시 사업과 관련된 비용임을 소명할 수 있도록 철저히 준비해야 할 것이다.

• 마무리 요약

개인사업자든 법인이든 사업수행과 유관한 사용분이 절세에 도움이 될 수 있다. 특히 개인사업자의 경우, 홈택스에 사업용 신용카드를 등록하고 사업과 관련된 지출 시 그 카드를 사용하면 세금 신고와 절세 목적에 많은 도움이 될 것이다.

부가세, 법인세, 원천세 신고 스케줄 :
"아… 신고 기한을 놓쳤어요"

• 에피소드

스타트업 C사의 대표는 지금까지 세무대리인 없이 직접 세무신고를 해왔다. 그는 '법인세는 3월, 부가세는 1월과 7월'이라고만 어렴풋이 기억하고 있었다.

그런데 8월 초, 국세청으로부터 '가산세 고지서'가 날아왔다. 알고 보니 7월 25일까지였던 부가세 1기 확정신고를 놓쳤고, 매월 10일이 기한인 원천세 신고도 두 달 치나 밀려 있었다.

대표는 당황해서 하소연했다.

"국가에서 중요한 일정은 문자로라도 알려주면 안 되나요? 매번 기억하기가 너무 힘듭니다."

• 해설: 세무, 기억이 아닌 시스템으로 관리하라

세금은 정해진 약속일(신고·납부 기한)을 지키는 것이 신뢰의 첫걸음이다.

인력이 부족한 스타트업일수록, 반복되는 세무 일정을 대표의 기억에 의존하는 것이 아니라, 누구나 보고 확인할 수 있는 시스템으로 만들어야 한다.

○ **스타트업 필수! 2025년 세무 캘린더(12월 결산법인 기준)**

월	신고·납부일	주요 세무 일정	비고
매월	10일	원천세 신고·납부, 4대보험료 납부	급여, 프리랜서 비용 등 인건비 지급 시 가장 먼저 챙겨야 할 기본 중의 기본
1월	25일	(2기) 부가가치세 확정신고·납부(전년도 7~12월분)	전년도 하반기 부가세를 최종 정산하는 중요한 신고
2월	말일	각종 지급명세서 제출	(중요) 전년도에 지급한 근로소득, 사업소득(프리랜서), 퇴직소득 등의 내역을 제출. 미제출 시 별도 가산세 부과
3월	31일	법인세 신고·납부(전년도 귀속분)	1년 농사의 최종 결실. 재무제표가 확정되는 가장 중요한 신고
4월	25일	(1기) 부가가치세 예정신고·납부(1~3월분)	직전 과세 기간 공급가액 1.5억 미만 법인은 예정고지로 대체 가능
	30일	법인 지방소득세 신고·납부(법인세의 10% 수준)	법인세 신고와 별개로 반드시 위택스에 신고해야 함.
7월	10일	원천세 반기별 신고·납부(신청 사업장)	1~6월분 원천세를 한 번에 (사전 신청 및 승인 필수)
	25일	(1기) 부가가치세 확정신고·납부(1~6월분)	상반기 부가세 정산
8월	31일	법인세 중간예납(해당 법인)	상반기 실적에 대한 법인세 중간 납부(신설법인 등은 면제)
10월	25일	(2기) 부가가치세 예정신고·납부(7~9월분)	예정고지 대상 여부 확인 필요

○ 자주 발생하는 신고·납부 실수

① 부가세 예정신고 누락: 법인사업자는 원칙적으로 1년에 네 번 부가세를 신고해야 한다(단, 직전 과세 기간 공급가액 1.5억 원 미만 소규모 법인은 4월, 10월 예정신고가 면제되고 고지서가 발송됨).

② 법인세와 지방소득세의 혼동: 법인세(국세)는 3월 31일까지 홈택스에, 법인 지방소득세(지방세)는 4월 30일까지 위택스에 각각 별도로 신고해야 한다.

③ 원천세 반기 신고 임의 진행: 국세청에 '반기별 납부'를 신청하고 승인받은 사업장만 1월과 7월에 신고 가능하다. 승인 없이 임의로 반기 신고하면 매월 미신고로 처리되어 가산세가 부과된다.

④ 신고 후 납부 누락: 신고서 제출과 세금 납부는 별개의 절차다. 신고만 하고 납부를 잊어 '납부지연가산세(연 8.03%)'를 무는 경우가 은근히 많다.

• 실무 TIP : 세무 일정을 놓치지 않는 네 가지 시스템

○ 공유 캘린더에 '세금의 날'을 반복 설정하라

구글 캘린더, 노션, 슬랙 등 팀원 전체가 공유하는 툴에 위 세무 캘린더를 그대로 입력하고, 'D-7', 'D-1' 알림을 설정해둔다. 세무대리인이 있다면 연간 세무 일정을 요청해서 공유받는 것이 가장 확실하다.

○ 홈택스 PUSH 알림을 켜고, 카카오톡 채널을 추가하라

국세청은 홈택스 앱(손택스)을 통해 주요 신고 기간에 PUSH 알림을 보내준다. 카카오톡에서 '국세청' 채널을 추가해두는 것도 좋은 방법이다.

○ 만약 기한을 놓쳤다면, '기한 후 신고'로 피해를 최소화하라

실수로 기한을 놓쳤더라도 포기하면 안된다. 하루라도 빨리 '기한 후 신고'를 하면 가산세를 크게 줄일 수 있다(국세기본법 제48조).

· 1개월 내 신고: (무신고)가산세의 50% 감면

· 1~3개월 내 신고: (무신고)가산세의 30% 감면

· 3~6개월 내 신고: (무신고)가산세의 20% 감면

○ 법인세 신고 후, 바로 '위택스'로 이동하는 습관을 들여라

3월 31일 법인세 신고를 마쳤다면, 그대로 컴퓨터를 끄지 말라. 바로 위택스(www.wetax.go.kr)에 접속해 법인 지방소득세 신고까지 마쳐야 비로소 모든 절차가 끝난다.

• 마무리 요약

세금 신고는 기억의 문제가 아니라 시스템의 문제다. 매년 반복되는 세무 스케줄을 '나만 아는 정보'가 아닌 '모두가 함께 지키는 일정'으로 관리해야만 절세가 보장된다.

간이과세자→일반과세자 전환 :
"매출이 늘어서 좋긴 한데, 세금이 왜 이래요?"

• 에피소드

5년 전, S대표는 개인사업자로 창업하면서 일반과세자로 사업자등록을 했다. 창업 초기의 어려움은 무난히 극복했고, 이제는 사업이 안정화되어 매출도 꾸준히 늘고 있었다. 자연스럽게 부가가치세와 종합소득세도 제법 납부하는 단계에 이르렀다.

그러던 어느 날, S대표는 자기보다 더 소규모 사업체를 운영하는 김 대표로부터 '간이과세자가 좋다'라는 말을 듣게 된다.

"간이과세자라서 부가가치세 신고도 간편하고 세금도 별로 나오지도 않아요."

그 말을 들은 순간, S대표는 마치 자기만 세금을 많이 납부하는 바보가 된 듯한 기분이 들었다.

'간이과세자가 되어 세금을 적게 낼 수 있다면, 나도 간이과세자로 전환해 세금을 줄이고 신고 절차도 간단히 하면 좋겠는데…. 아무리 생각해도 나는 부가가치세랑 종합소득세를 너무 많이 내고 있는 것 같아. 어떻게 하면 간이과세자로 전환할 수 있을까?'

과연 S대표의 바람대로 일반과세자에서 간이과세자로 변경할 수 있을까? 그리고 그렇게 되면 정말 세금을 절약할 수 있을까?

• **해설**

○ **간이과세자는 누구인가?**

사업자는 과세사업자와 면세사업자로 나뉜다. 이는 부가가치세와 관련된 구분이다. 개인 과세사업자는 다시 일반과세자와 간이과세자로 나눌 수 있다.

〈사업자 구분〉

사업자 구분	과세사업자		과세 면세 겸용사업자	면세사업자
	일반과세자	간이과세자		
개인사업자	O	O	O	O
법인	O	N/A	O	O

연간 수입 규모가 일정 기준 미만인 개인사업자에게 부가가치세의 부담을 완화시켜주는 제도가 간이과세자 제도다. 직전 연도 공급대가 합계액[20]이 1억 400만 원 미만인 개인사업자는 해당 연도 7월 1일부터 다음

---

[20] 공급대가는 공급가액에 부가가치세를 더한 금액을 말한다.

연도 6월 30일까지 간이과세자를 선택할 수 있다.

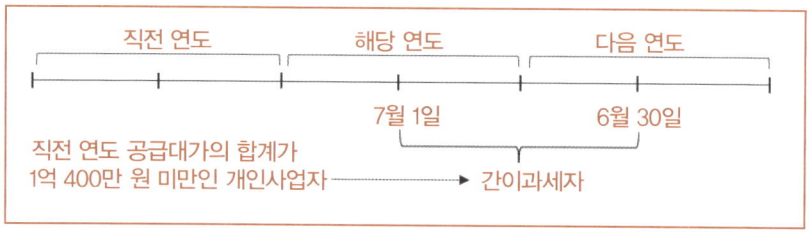

○ 신규로 사업개시하는 경우, 간이과세자 선택이 가능하다

개인사업자가 창업해 신규로 사업자등록을 신청할 때는 간이과세자 선택이 가능하다. 앞서 설명했듯이, 직전 연도 공급대가 합계액이 1억 400만 원 미만인 개인사업자가 간이과세자가 될 수 있다.

그렇다면 올해 신규로 사업을 개시하는 개인사업자의 경우에는 어떻게 간이과세자가 될 수 있을까? 신규로 사업을 개시하는 개인사업자는 사업을 시작한 날이 속하는 연도의 공급대가의 합계액, 기준금액에 미달될 것으로 예상되면, 사업자등록을 신청할 때 관할 세무서장에게 간이과세의 적용 여부를 함께 신고해야 한다.

이에 따라 간이과세자로 적용받기를 희망하는 사업자는 사업자등록 신청서와 함께 간이과세적용신고서를 관할 세무서장에게 제출해야 한다. 다만, 사업자등록 신청서에 연간 공급대가 예상액 등을 적어 제출한 경우에는 간이과세적용신고서를 제출한 것으로 간주한다. 이처럼 간이과세 적용신고를 한 개인사업자는 최초 과세 기간에는 간이과세자로 한다. 만약 간이과세 적용신고를 하지 않은 사업자는 일반과세자가 되는 것이다.

○ 간이과세자는 무엇이 더 좋은가요?

매출 부가가치세

간이과세자의 가장 큰 장점은 매출에 부과되는 부가가치세가 일반과세자보다 적다는 점이다. 일반과세자는 공급가액의 10%를 매출세액으로 계산하지만, 간이과세자는 여기에 업종별 부가가치율(15~40%)을 곱해 산출하기 때문에 동일한 매출이라도 세액이 훨씬 줄어든다.

구분	일반과세자	간이과세자
매출 부가가치세	공급가액 X 10%	공급가액 X 10% X 업종별 부가가치율(15~40%) = 공급가액 X (1.5%~4.0%)

부가가치세 납부의무 면제

해당 과세 기간(1.1.~12.31)에 대한 간이과세자의 연간 공급대가가 4,800만 원 미만이라면 부가가치세 납세의무가 면제된다. 다만, 간이과세자의 경우 부가가치세 환급을 받을 수 없다.

부가가치세 신고의무 간소화

일반과세자의 경우 과세 기간이 연 2회(1기는 1~6월, 2기는 7~12월)로 예정고지 2회 및 확정신고 2회, 연간 총 4회 부가가치세를 납부하게 된다. 그러나 간이과세자는 과세 기간이 1회(1~12월)로, 예정부과징수까지 합해 연 2회 부가가치세를 납부하면 된다.

〈간이과세자의 부가가치세 신고 납부〉

구분	기간	신고 납부
예정부과	예정부과 기간은 1.1.~6.30.	직전 과세 기간 납부세액의 50%를 7.25. 까지 부과징수한다.
확정신고 납부	확정신고 기간은 1.1.~12.31.	납부세액에서 예정부과세액을 차감한 나머지를 익년도 1.25.까지 최종 신고 납부하게 된다.

○ 간이과세자가 일반과세자보다 안 좋은 점은 무엇일까?

세금계산서 발급 불가

간이과세자 중 직전 연도 공급대가의 합계액이 4,800만 원 미만인 사업자는 세금계산서를 발급할 수 없게 된다. 이러한 점을 싫어하는 사업자는 간이과세자 대신 일반과세자를 선택하기도 한다.

부가가치세 환급 없음

간이과세자는 부가가치세 환급이 적용되지 않는다. 그러므로 사업 초기 매출은 미미하나 초기 투자 금액은 큰 경우에, 간이과세자를 선택하면 부가가치세 환급을 적용받지 못할 수도 있음에 유의해야 한다.

매입세액공제액

공급대가 X 0.5%로서 일반과세자의 경우보다 공제액이 작다.

○ 간이과세자가 배제되는 업종도 있다

아무리 직전 연도 공급대가 합계액이 1억 400만 원 미만이라 해도 다음에 해당하는 개인사업자는 간이과세자가 될 수 없다.

· 일반과세 적용을 받는 다른 사업장이 있는 사업자
· 일반과세자로부터 사업포괄양수를 받은 사업자
· 둘 이상의 사업장이 있는 사업자로서 그 둘 이상의 사업장의 직전 연도 공급대가의 합계액이 1억 400만 원 이상인 사업자
· 부동산 임대업 또는 개별소비세법에 따른 과세유흥장소를 경영하는 사업자로서 해당 업종의 직전 연도의 공급대가의 합계액이 4,800만 원 이상인 사업자
· 다음 중 어느 하나에 해당하는 사업을 경영하는 자
(ㄱ) 광업
(ㄴ) 제조업. 다만, 과자점업 등 주로 최종소비자에게 직접 재화를 공급하는 사업은 제외
(ㄷ) 도매업(소매업을 겸영하는 경우를 포함하되, 재생용 재료 수집 및 판매업은 제외한다) 및 상품중개업
(ㄹ) 부동산 매매업
(ㅁ) 부동산 임대업으로서 기획재정부령으로 정하는 것
(ㅂ) 개별소비세법 제1조 제4항에 해당하는 과세유흥장소를 경영하는 사업으로서 기획재정부령으로 정하는 것

(ㅅ) 전문직 사업서비스업

(ㅇ) 사업장 소재 지역, 사업의 종류, 규모를 고려해 국세청장이 정하는 기준에 해당하는 사업

(ㅈ) 전전년도 기준 복식부기의무자가 경영하는 사업

(ㅊ) 전기·가스·증기 및 수도 사업

(ㅋ) 건설업. 다만, 주로 최종소비자에게 직접 재화 또는 용역을 공급하는 사업으로서 기획재정부령으로 정하는 사업은 제외

(ㅌ) 전문·과학·기술서비스업, 사업시설 관리·사업지원 및 임대 서비스업. 다만, 주로 최종소비자에게 직접 용역을 공급하는 사업으로서 기획재정부령으로 정하는 사업은 제외

○ 한번 간이과세자는 폐업할 때까지 간이과세자? 간이과세자 포기도 가능하다

간이과세자, 또는 간이과세자에 관한 규정을 적용받게 될 일반과세자는 자유롭게 간이과세를 포기하고 일반과세를 적용받을 수 있다. 간이과세를 포기하고 일반과세로 전환하려는 사업자는 일반과세자에 관한 규정을 적용받으려는 달의 전달 마지막 날까지 관할 세무서장에게 간이과세 포기신고를 해야 한다.

신규로 사업을 개시하려는 사업자의 경우에도 마찬가지다. 사업자등록을 신청할 때 관할 세무서장에게 간이과세 적용을 포기하고 일반과세

를 적용받겠다고 신고하면, 공급대가 규모와 관계없이 일반과세 규정을 적용받을 수 있다.

다만, 간이과세 포기를 신청하는 경우에는 유의할 점이 있다. 간이과세를 포기하고 일반과세 적용신고를 한 개인사업자는 일반과세자에 관한 규정을 적용받으려는 달의 1일부터 3년이 되는 날이 속하는 과세 기간까지는 간이과세자에 관한 규정을 적용받지 못한다. 예외적으로 직전 연도 공급대가 합계액이 4,800만 원 이상 1억 400만 원 이하에 해당하는 개인사업자는 간이과세 포기를 철회할 수 있다.

○ 간이과세자와 일반과세자의 비교

이제 간이과세자와 일반과세자에 관한 사항을 요약하고, 두 제도의 장단점을 비교해보자.

구분	일반과세	간이과세
대상자	· 공급대가 수준 불문 · 개인사업자와 법인 모두 가능	직전 연도 공급대가 합계액이 1억 400만 원 미만인 개인사업자(다만, 부동산 임대업, 과세유흥장소의 경우 4,800만 원)
과세 기간	· 1기: 1.1.~6.30. · 2기: 7.1.~12.31.	1.1.~12.31.
매출세액	공급가액 X 10%	공급가액 X 업종별 부가가치율(*) X 10% (*) 15%~40%
매입세액	공급가액X10%	공급대가 X 0.5%
납부할 세액	매출세액 (−) 매입세액. 환급 가능	매출세액 (−) 매입세액. 단, 환급 불가

구분	일반과세	간이과세
납부의무 면제	해당사항 없음	해당 과세 기간 공급대가가 4,800만 원 미만인 경우
예정신고 납부	· 법인: 예정신고 납부 · 개인: 예정고지에 의한 징수	예정부과징수 예정부과 기간은 1.1.~6.30.
세금계산서 발급	원칙적으로 세금계산서 발급	공급대가 4,800만 원 미만이면 영수증 발급 공급대가가 4,800만 원~1억 400만 원인 경우는 세금계산서 발급의무

○ 간이과세자라고 해서 소득세까지 면제되는 것은 아니다

간이과세라는 개념은 부가가치세와 관련된 것으로, 소규모 개인사업자가 보다 간편하게 부가가치세를 신고·납부하고, 부담도 완화할 수 있또록 마련된 제도다. 그러나 소득세의 관점에서 보면, 간이과세자에 해당하는 개인사업자도 일반과세자와 동일하게 종합소득세를 납부해야 하며, 간이과세자라고 해서 종합소득세의 부담이 경감되지 않음을 명확히 이해해야 한다.

• 마무리 요약

간이과세 제도는 연간 공급대가가 소규모인 개인사업자들을 위한 것이므로 매출이 소규모인 경우에는 이 제도의 혜택을 누리는 것이 중요하다. 다만, 간이과세에도 단점은 존재하므로 이러한 단점의 영향을 따져보고 필요하다면 간이과세를 포기하고 일반과세자로서 사업을 운영하는 것도 고려할 수 있다.

IT·앱·구독 기반 스타트업의 회계 이슈:
"SaaS인데, 어디까지 매출로 잡나요?"

• 에피소드 : 12억 원짜리 매출 착시 효과

커뮤니티형 SaaS 서비스를 운영하는 스타트업 F사는 '연간 구독료 120만 원' 상품을 출시해 100명의 유료 고객을 확보했다. 창업자는 고객 가입 직후 1억 2,000만 원(120만 원 × 100명)의 현금이 입금되자, 이 전액을 그 달의 매출로 인식하고 뿌듯해했다.

그러나 첫 시리즈 A 투자 유치를 위한 재무실사 과정에서, 담당 회계법인의 회계사는 차가운 목소리로 말했다.

"대표님, 이 1억 2,000만 원은 매출이 아니라 '선수수익'이라는 부채입니다. 회계상 이번 달 매출은 1,000만 원(1억 2,000만 원 ÷ 12개월)으로 보아야 합니다. 수익은 현금 유입 시점이 아니라, 약속한 서비스(수행의무)를 이행하는 기간에 걸쳐 인식하는 것이 회계의 대원칙입니다."

결국 부풀려진 매출로 작성된 IR 자료가 되면서 신뢰도에 큰 타격을 입었고, 투자 유치 협상은 난항을 겪었다.

• 해설 : IT 기업의 회계, '현금주의'가 아닌 '발생주의'로 생각하라

IT/SaaS/구독 모델의 회계는 '언제 돈을 받았는가(현금주의)'가 아니라, '언제 서비스를 제공했는가(발생주의)'를 기준으로 기록해야 한다. 이는 재무제표의 국제 표준인 K-IFRS(한국채택 국제회계 기준) 제1115호(수익인식)의 핵심 원칙이기도 하다.

○ 구독 매출 : '선수수익'이라는 부채의 이해

연간 구독료를 선불로 받았다면, 이는 12개월 동안 서비스를 제공해야 할 '의무'가 생긴 것이므로, 회계상으로는 '부채(선수수익)'로 먼저 인식한다. 그리고 실제로 시간이 흘러 서비스를 제공한 만큼만 매달 나누어 '매출'로 전환한다.

상황	잘못된 회계처리 (현금주의)	올바른 회계처리 (발생주의)
1월, 연간 구독료 120만 원 수령	1월 매출: 120만 원	1월 매출: 10만 원 / 선수수익(부채): 110만 원
2~12월	2월 매출: 0원	2월 매출: 10만 원 / 선수수익(부채): 100만 원

○ 거래 수수료 : 우리는 '주인공(principal)'인가, '중개인(agent)'인가? (총액 vs 순액)

플랫폼 비즈니스는 거래의 '주된 책임'을 누가 지느냐에 따라 거래액 전체를 매출로 잡을지(총액법), 수수료만 매출로 잡을지(순액법)를 결정해야 한다. 중개 모델이면서 총액으로 매출을 부풀리는 것은 투자 실사에서 가장 먼저 지적되는 '분식회계' 리스크이기도 하다.

구분	총액법	순액법
나는 누구인가?	주인공(Principal)	중개인(Agent)
수익 인식	총 거래금액 전체	수수료 부분만
판단 기준	· 내가 재화·서비스의 주된 책임을 부담 · 내가 재고 위험을 부담 · 내가 가격 결정권을 가짐	· 다른 당사자가 재화·서비스를 제공하도록 연결·주선
대표 사례	쿠팡 로켓배송(직매입 상품)	크몽, 에어비앤비, 배달의민족

○ 앱 마켓 수수료: 보이지 않는 30%를 비용으로

앱스토어·구글플레이에서 1만 원짜리 아이템이 팔리면, 30% 수수료를 뗀 7,000원만 입금된다. 하지만 회계처리는 다르다.

매출: 10,000원 (총액)

비용: 3,000원 (지급수수료)

이익: 7,000원

이렇게 처리해야 회사의 정확한 매출 규모와 비용 구조를 파악할 수 있다. 입금액만 매출로 착각하면, 회계·세무 모두 오류가 발생하게 된다.

• 실무 TIP : 투자자를 만족시키는 회계 시스템 구축법

○ 구독 매출은 '고객 관리 시스템(CRM)'과 연동해서 관리하라

고객별 구독 시작일, 기간, 금액을 관리하는 시스템을 구축하고, 이를 통해 매월 인식해야 할 수익과 남은 선수수익을 자동으로 계산하는 엑셀 시트라도 만들어야 한다. 이는 투자자가 가장 먼저 요구하는 자료(MRR, Churn Rate 등)의 기반이 된다.

○ B2B 계약 시, '월별 세금계산서 발행'을 원칙으로 하라

연간 계약을 하더라도, 세금계산서는 가급적 매월 나누어 발행하는 것이 수익을 기간에 맞게 인식하고 관리하는 가장 깔끔한 방법이다.

○ 회사의 '수익인식정책'을 문서로 만들어라

우리 회사가 어떤 기준으로 매출(총액/순액)을 인식하는지를 명확히 정리한 내부 문서를 정리해야 한다. 이 문서는 회계감사나 투자 실사에서 회사가 체계적인 내부통제 시스템을 갖추고 있음을 보여주는 강력한 증거가 된다.

• 마무리 요약

IT 스타트업의 재무제표는 '코드'가 아닌 '회계 기준'이라는 언어로 쓰게 된다. 이 언어를 마스터해야 회사의 가치를 제대로 증명하고, 투자자의 신뢰를 얻을 수 있다.

중고 주얼리 위탁판매의 3자 셈법 :
반짝였던 거래, 세무에서 막히다

• 에피소드

중고 명품 주얼리 거래 플랫폼 '샤이니링(ShinyRing)'을 창업한 B대표. 개인 판매자가 다이아 반지 같은 고가 주얼리를 맡기면, 플랫폼이 감정·검수 후 판매를 대행하고 수수료를 받는 모델이었다.

첫 달 총거래액(GMV, Gross Merchandise Value) 1억 원 달성!

B대표는 투자자 미팅에서 "월 GMV 1억 돌파! 연간 100억 매출도 가능합니다!"라고 자신 있게 발표했다.

하지만 시리즈 A 투자 유치를 위한 재무실사에서 공인회계사의 지적은 냉정했다.

"대표님, IFRS 15 수익인식 기준에 따르면, 샤이니링은 상품의 소유권을 직접 갖지 않는 '대리인(Agent)'입니다. 따라서 회사의 매출은 GMV 1억 원이 아니라, 수수료 10%인 1,000만 원으로 인식해야 합니다. IR 자료의 매출은 과대계상된 것입니다."

회계장부를 검토하던 공인회계사는 질문을 이어갔다.

"판매자들에게 수수료에 대한 부가세 세금계산서는 발행하고 계신가요? 반복적으로 고수익을 올리는 개인 판매자들의 소득 자료는 어떻게 관리하고 계십니까?"

B대표는 아무 대답도 할 수 없었다. 단순히 중개만 하면 세금 문제는 판매자 각자의 몫이라고 생각했던 것이다. GMV와 매출의 착각, 그리고 참여자들의 세무 리스크에 대한 무지는 샤이니링을 순식간에 신뢰도 위기로 몰아넣었다.

• 해설 – 위탁판매, '누가 주체(주인)인가'에 따라 모든 것이 달라진다

중고 위탁 플랫폼은 기본적으로 판매자–플랫폼–구매자의 3자 구조다. 따라서 거래의 주도권과 책임이 누구에게 있느냐에 따라 회계와 세금 처리 방식이 완전히 달라진다.

○ 플랫폼(샤이니링) 입장 : '주체'인가, '대리인'인가?

플랫폼의 역할 정의가 모든 회계·세무처리의 시작점이다.

회계처리: 대리인이라면 매출은 '총액'이 아닌 '순액'이다

IFRS(국제회계 기준) 15에 따르면, 플랫폼이 상품의 재고 위험을 직접

부담하거나, 가격 결정권을 갖는 등 거래의 '주된 책임'을 진다면 주체 (Principal)로서 총액을 매출로 인식해야 한다.

· 반면 샤이니링처럼 소유권 이전의 중개 역할만 한다면 대리인(Agent) 으로서 수수료만 매출(순액)로 인식해야 한다.

· 투자자에게는 총거래액(GMV)과 순매출(Net Revenue)을 명확히 구분해 서 설명해야 한다. GMV는 시장 규모와 성장성을 보여주는 지표, 순매출 은 회사의 실제 수익성을 보여주는 지표다. 이 둘을 혼용하면 분식회계로 오해받을 위험도 있다.

세무처리 : '수수료'는 명백한 과세 대상이다

· 부가가치세: 플랫폼의 수수료는 '중개 용역'에 대한 대가이므로, 수 수료 금액의 10%를 부가세로 거래징수해야 한다. 이 부가세는 판매자 가 사업자인지, 개인인지와 무관하게 발생하는 플랫폼의 의무다.

· 세금계산서: 플랫폼은 수수료 매출에 대해 판매자에게 세금계산서(판 매자가 사업인 경우) 또는 현금영수증(판매자가 개인인 경우)을 발급해야 한다.

· 잠재 리스크: 고수익을 올리는 개인 판매자들의 소득 정보를 국세청 에 제출해야 할 '지급명세서 제출 의무'가 발생할 수 있다. 이는 플랫폼 의 가장 큰 세무 리스크 중 하나입니다.

○ **판매자(주얼리 소유자) 입장: '사업자'인가, '개인'인가?**

CASE 1: 일시적·우발적으로 판매하는 개인

(소득세/부가세) 본인이 사용하던 중고 물품을 처분하는 것은 사업 활동이 아니므로 원칙적으로 비과세 대상이다. 따라서, 세금 걱정 없이 판매할 수 있다.

CASE 2: 영리를 목적으로 계속적·반복적으로 판매하는 사업자

(소득세/부가세) 중고 주얼리를 매입해서 판매하는 등 '사업성'이 있다면, 사업자등록을 하고 매출에 대한 부가세와 소득세(또는 법인세)를 신고·납부해야 한다. 만약 플랫폼이 이러한 전문 판매자들의 무신고를 방치하면, 국세청은 플랫폼에 '조세포탈 방조'의 책임을 물을 수도 있다.

○ **구매자 입장: '매입세액공제'는 가능한가?**

· 사업자 구매자: 사업 목적으로 주얼리를 구입한 사업자는 매입세액공제를 원할 수 있다. 그러나 판매자가 비사업자인 개인이라면, 그로부터 세금계산서나 적격증빙을 받을 수 없어 매입세액공제가 불가능하다. 이는 C2C(개인 간 거래) 플랫폼의 구조적 한계다.

· 개인 구매자: 플랫폼은 소득공제를 위한 현금영수증 발급 시, 전체 거래액이 아닌 플랫폼의 수수료 부분에 대해서만 발급이 가능하다.

• **실무 TIP : 플랫폼을 위한 리스크 관리 전략**

○ **'역할과 책임'을 계약서에 명시할 것**

이용약관에 플랫폼은 '통신판매중개업자'로서 '대리인'의 역할만 수행

하며, 상품에 대한 주된 책임과 세금 신고 의무는 판매자에게 있음을 명확히 규정해야 한다.

○ '판매자 관리 시스템'을 구축하라

가입 시 판매자 유형(개인·사업자 여부)을 명확히 구분하고, 사업자등록증을 확인한다. 이후 모니터링을 통해 특정 개인 판매자의 거래 횟수나 금액이 일정 수준을 초과하면, 사업자 전환을 안내하는 시스템을 갖춰 플랫폼의 리스크를 관리해야 한다.

○ '투명한 정산 시스템'을 설계하라

구매자가 결제할 때, 금액이 회계적으로 세 가지로 구분되도록 시스템을 마련해야 한다. 즉, ① 판매대금(예수금), ② 플랫폼 수수료(플랫폼의 매출), ③ 수수료에 대한 부가세(부가세 예수금)를 명확히 나눠 관리하는 것이다.

○ 모든 참여자 대상으로 '교육'

판매자에게는 "반복적이고 영리 목적의 판매는 세금 신고 대상이 될 수 있습니다"라는 점을, 구매자에게는 "개인 판매자의 상품을 구매할 경우, 부가세 매입세액 공제나 소득공제가 제한될 수 있습니다"라는 점을 사전에 안내해야 한다. 이러한 교육과 안내는 분쟁을 예방하고 플랫폼의 신뢰도를 높이는 가장 효과적인 방법이다.

• 마무리 요약

위탁 플랫폼의 성공은 '총거래액(GMV)'이라는 화려한 숫자보다 거래 참여자들의 복잡한 세무관계를 투명하고 안정적으로 관리하는가 하는 '시스템'에 달려 있다. 플랫폼의 리스크 관리가, 곧 플랫폼의 기업가치다.

예상치 못한 관세 :
이익이 증발하다

• 에피소드

친환경 주방용품 스타트업 에코리브(Ecolive)는 미국 대형 마트 체인과 계약을 따내며 실리콘밸리 진출의 꿈에 부풀었다. 대표는 FTA(자유무역협정)가 있으니 당연히 관세가 면제될 것이라 믿고, 국내 마진율만 고려해 빠듯하게 납품 단가를 맞췄다.

하지만 첫 컨테이너가 미국 항구에 도착한 순간, 청천벽력 같은 통보를 받았다.

"귀사 제품은 미국의 수입 규정에 따라 15%의 추가 관세가 부과됩니다. FTA와는 무관한 조치입니다."

결과는 참혹했다. 10억 원어치를 수출했는데, 예상치 못한 관세 1억 5,000만 원을 고스란히 회사의 비용으로 떠안게 되었다. 계약 조건상 이 관세는 에코리브의 책임이었다. 간신히 맞췄던 마진율은 순식간에 마이너스로 돌아섰고, 회사는 첫 글로벌 거래에서 수천만 원의 적자를 기록했다.

"FTA라는 이름만 믿었습니다. 관세가 단순한 세금이 아니라, 우리 회사의 생존을 위협하는 비용이 될 줄은 몰랐습니다."

• 해설 – 관세, '비용'인가 '가격'의 일부인가?

많은 스타트업이 관세를 '통관 시 내는 세금' 정도로 가볍게 여기지만, 이는 회사의 손익 구조를 뿌리부터 흔드는 치명적인 변수가 될 수 있다.

모든 것을 결정하는 계약서 한 줄, '인코텀즈(Incoterms)'

국제 무역에서 쓰이는 Incoterms(International Commercial Terms, 국제상업 회의소가 제정한 무역조건 규칙) 중, 흔히 접하게 되는 FOB, FCA, CIF, DDP의 정의는 다음과 같다.

FOB(Free On Board, 본선인도조건) : 본선에 물품을 올려놓을 때까지는 매도인의 책임 → 선박에 싣는 순간 매수인 위험 부담으로 전환
- · 매도인 의무: 지정된 선적항에서 선박의 갑판 위에 물품을 인도할 때까지의 비용·위험 부담
- · 매수인 의무: 그 이후의 해상운송료, 보험료, 도착지 비용 부담
- · 주 사용: 해상운송, 내수상(강·하천) 운송

FCA(Free Carrier, 운송인 인도조건) : 운송인에게 인도하는 시점까지 매도인의 책임

매도인 의무 : 지정 장소(항구, 터미널, 창고 등)에서 매수인이 지정한 운송인에게 물품 인도

· 매수인 의무 : 운송인에게 인도된 이후 모든 운송·보험·비용 부담

· 특징 : 해상·항공·철도 등 모든 운송수단 가능, 최근 FOB보다 FCA 활용이 늘고 있음.

CIF(Cost, Insurance and Freight, 운임·보험료·운송비 포함조건): 매도인이 운임과 보험까지 부담해 목적지 항구까지 운송

· 매도인 의무: 선적항에서 물품을 본선에 적재 + 해상운임과 보험료 지급

· 매수인 의무: 목적지 도착 후 통관, 하역, 내륙운송 비용 부담

· 위험 이전 시점: 선적항에서 선박에 적재된 순간 위험은 매수인에게 넘어감 (비용은 매도인이 부담)

· 주 사용: 해상운송

DDP (Delivered Duty Paid, 관세지급인도조건): 목적지까지 모든 비용과 세금을 매도인이 부담

· 매도인 의무: 운송비, 보험료, 수입국 세관통관, 관세·부가세까지 부담 → 매수인에게 문 앞까지 배송

· 매수인 의무: 사실상 없음(물품 수령만 하면 됨)

· 특징: 매도인에게 가장 불리하고, 매수인에게 가장 유리한 조건

결국, 관세를 누가 부담할지는 수출 계약서의 '인코텀즈'에 따라 결정된다. 따라서, 계약서 검토 시, 가격이나 수량보다 'Incoterms' 조항을 먼저 확인해야 한다. DDP 조건이라면, 잠재적인 관세율을 반드시 확인하고 이를 가격에 반영해야 한다.

인코텀즈 조건	관세 부담 주체	스타트업에 미치는 영향
FOB, CIF 등	수입자 (미국 바이어)	우리 회사는 관세 리스크가 없음. 단, 바이어의 최종 구매 가격이 높아져 가격 경쟁력이 약화될 수 있음.
DDP(관세지급인도조건)	수출자 (우리 회사)	모든 통관 및 관세 리스크를 우리 회사가 부담. 협상력이 약한 스타트업이 섣불리 수락했다가, 예상치 못한 관세 폭탄을 맞고 적자 수출로 이어지는 주된 원인

○ 회계처리 : DDP조건으로 떠안은 관세는 '매출원가', 이익을 직접 갉아먹는 비용이 될 수 있다

수입 시 납부하는 부가가치세는 나중에 돌려받는 '예수금' 성격이지만, 수입국이 부과하는 관세를 수출기업이 부담하게 되면, 이는 전액 회사의 '비용'으로 처리된다.

· 회계처리 : 관세는 '수출부대비용'으로서 매출원가, 또는 판매비와 관리비에 포함된다.

· 손익 영향 : 이는 회사의 매출총이익을 직접적으로 감소시키게 된다. 즉, 제품을 팔수록 손해를 볼 수 있는 구조가 만들어질 수 있다.

○ 세무적 영향 : 한국의 '영세율'과 미국의 '관세'는 다른 세상

이야기다

· (법인세) 우리 회사가 부담한 관세 비용은 세법상 전액 손금(비용)으로 인정되어 법인세 절감 효과는 있다.

· (부가가치세) 한편, 이 관세는 우리나라 부가가치세와는 아무런 관련이 없다. 우리나라에 신고하는 수출 매출은 '영세율(0% 세율)'이 적용될 뿐, 미국에 납부한 관세를 매입세액공제로 돌려받는 일은 없다.

• 실무 TIP : 관세 리스크 방어를 위한 전략 대안

따라서, 글로벌 진출 전, 아래 4단계에 따라 손익 시뮬레이션을 하고 가격 전략을 수립해야 할 것이다.

1단계 (정보 확인): 관세율을 미리 확인하라

수출할 제품의 HS Code(국제통일상품분류체계)를 관세사 등 전문가를 통해 확정하고, 미국 무역위원회(ITC) 사이트 등에서 해당 HS Code에 적용되는 기본 관세율과 무역확장법 232조, 통상법 301조 등에 따른 추가 관세 부과 여부를 반드시 확인한다.

2단계 (계약 협상): 인코텀즈를 사수하라

최선은 FOB나 CIF 조건으로 계약해서 관세 리스크를 바이어에게 넘기는 것이다. 만약 DDP 조건이 불가피하다면, 1단계에서 확인한 예상 관세율을 납품 단가에 반드시 반영해야 한다.

3단계 (손익 분석): 최악을 가정한 시뮬레이션을 하라

"FTA로 0%가 되겠지"라는 희망 회로를 버리고, "관세 15%가 부과된다면 우리 마진은 얼마인가?"를 기본 시나리오로 설정한다.

4단계 (전략적 대안): 관세 장벽을 우회하라

고율의 관세가 불가피하다면, ① 관세가 낮은 제3국(예: 멕시코, 베트남)에서 최종 조립해 원산지를 변경하는 방안, 또는 ② 제품의 핵심 기능이나 소재를 변경해 관세율이 낮은 HS Code로 품목분류를 바꾸는 '디자인 리스크 관리'까지 장기적으로 검토해야 한다.

• 마무리 요약

최근 글로벌 시장에서 관세는 더 이상 '예측 불가능한 세금'이 아니라, 사업 모델과 가격 전략에 반드시 포함시켜야 할 '고정비용'이다. 계약서의 인코텀즈 한 줄이 당신의 이익률을 결정하고, 최악을 가정한 손익 시뮬레이션이 당신의 회사를 지킬 수 있다.

R&D 비용의 회계처리와 세액공제 전략 :
"연구개발도 하고, 세금도 공제받고"

• 에피소드

R대표는 지난해 주식회사 신박을 창업했다. 아직 회사의 매출은 발생하지 않고 있는데, 그 이유는 회사가 판매하고자 하는 제품이 아직 개발 완료되지 않았기 때문이다. R대표는 늦어도 내년에는 제품화에 성공해 매출을 일으킬 계획이다. 그래서 그때까지는 연구개발활동에 많은 자금을 쏟아부을 수밖에 없을 것으로 생각하고 있다. 창업 이후부터 현재까지 제품화에 성공하기 위해 투입된 연구개발자금이 만만치 않았다.

그런데 어느 날, 누군가로부터 이런 조언을 들었다.

"연구개발에 소요된 비용이 있다면, 연구개발비용 명세를 잘 정리해서 법인세 신고 시 연구개발비 세액공제를 신청해보라. 세제 혜택이 있다."

하지만 R대표는 대수롭지 않게 여겼다. "어차피 매출도 없고 이익도 나지 않아서 납부할 세금도 없는데 굳이 세액공제 혜택이라니…. 그리고 연구개발 작업도 바쁜데 이러한 비용들을 잘 정리하라고 하면 그렇지 않아도 연구개발활동으로 바쁜 직원들의 업무량만 더 늘어날 거야."

과연, 세법의 관점에서 볼 때 R대표의 이런 생각은 현명한 것일까?

• 해설 : 왜 R&D 비용에 관심을 가져야 하는가?

연구개발활동에 소요된 지출을 연구개발비용 즉, R&D비용에 대해 국가에서는 다양한 세제 혜택을 제공하고 있다. 연구개발활동을 장려해 기술 발전을 도모하고 나아가 국가발전에 이바지하기 위함이다. 많은 스타트업들이 새로운 기술, 공정 및 제품을 개발하기 위해 연구개발활동에 많은 비용을 투입하고 있으므로 스타트업 경영자라면 R&D활동 관련 비용에 대한 세제 혜택이 없는지 한번 공부해보면 좋을 것이다.

우선 조세특례제한법(이하 '조특법'이라 함) 제10조 '연구·인력개발비에 대한 세액공제'에 나와 있는 R&D비용에 관한 세제 혜택에 대해 알아보고 연구개발비에 대한 회계처리도 한번 살펴보자.

○ R&D 비용 지출과 관련된 세제 혜택

결론부터 말하면, R대표의 생각은 세법에서 제공하는 세액공제 혜택을 고려하면 현명하지 않다. 왜냐하면 조특법 제10조에 규정하는 '연구·인력개발비 세액공제'는, 당해연도에 납부할 세금이 없어서 세액공제 혜택을 바로 받지 못하더라도 바로 소멸되지 않고, 향후 10년간 이월되어, 미래 과세소득이 발생할 때 세액공제 효과를 발휘할 수 있기 때문이다.

10년간이나 이월되다니 대단한 혜택이 아닐 수 없다.

R대표의 계획대로 내년 제품화에 성공해 매출이 발생하면 향후 10년 이내에 사업에서 과세이익이 발생할 수도 있다. 만약 연구개발단계에서 발생하는 연구개발비용 명세를 정리해 세액공제를 신청해놓으면, 향후 10년 이내 매출이 증가해 과세이익과 납부할 세액이 발생한다 할지라도, 과거에 사용하지 못하고 이월된 연구·인력개발비 세액공제액만큼 절세할 수 있을 것이다. 그러므로 비록 현재에는 연구개발활동에 큰 자금이 투입되고 있고 납부할 세금이 없을지라도, 조특법에서 세제 혜택을 제공하기로 한 연구 및 인력개발비에 대해서는 세액공제를 신청해놓는 것이 장기적 관점에서 현명하다. 참고로 본 세액공제는 법인뿐만 아니라 개인사업자의 사업소득에도 적용된다.

세액공제 대상이 되는 비용의 종류

먼저 내국인의 연구개발 및 인력개발을 위한 비용 중, 본 세액공제 대상이 되는 비용은 다음과 같이 크게 세 가지로 구분된다.

비용 구분	설명	예시(*)
신성장·원천기술 연구개발비	미래 유망성 및 산업 경쟁력 등을 고려해 지원할 필요성이 있다고 인정되는 기술로서 대통령령으로 정하는 기술	자율주행차, 전기자동차, 인공지능, 사물인터넷, 클라우드, 빅데이타, 착용형 스마트기기, IT융합, 블록체인, 양자컴퓨터, 스마트물류, 차세대 소프트웨어 및 보안, 실감형 콘텐츠, 문화콘텐츠, 차세대 전자정보 디바이스, 바이오 헬스, 에너지 환경, 융복합소재, 로봇, 항공우주, 첨단소재부품장비 등

국가전략기술 연구개발비	반도체, 이차전지, 백신, 디스플레이, 수소, 미래형 운송 및 이동 수단, 바이오의약품, 인공지능 및 그 밖에 대통령령으로 정하는 분야와 관련된 기술로서 국가안보 차원의 전략적 중요성이 인정되고 국민경제 전반에 중대한 영향을 미치는 대통령령으로 정하는 기술	반도체, 이차전지, 백신, 디스플레이, 수소, 미래형 이동수단, 바이오 의약품
일반연구· 인력개발비	신성장·원천기술과 국가전략기술을 제외한 나머지 연구 및 인력개발비	자체연구개발(연구소나 전담부서), 위탁 및 공동연구개발, 인력개발

(*) 조특법시행령 별표6, 별표7 및 별표7의2 참고

여기서 연구개발비용에는 연구소 또는 연구전담부서의 연구개발인력들의 인건비, 견본품, 부품, 원재료와 시약류 구입비, 임차료 등이 포함될 수 있다.

다만, 다음 비용은 기업(스타트업)이 자기 부담으로 지출하는 R&D비용이 아니므로 세액공제 대상이 아님에 주의해야 한다.

· 연구개발출연금 등을 지급받아 연구개발비로 지출하는 금액
· 국가, 지방자치단체, 공공기관 및 지방공기업으로부터 출연금 등의 자산을 지급받아 연구개발비 또는 인력개발비로 지출하는 금액

세액공제율

연구 및 인력개발비 세액공제는 대기업, 중견기업 그리고 중소기업에 모두 적용 가능한데, 비용 구분별로 적용되는 세액공제율은 다음과 같다.

[신성장·원천기술 관련 비용]

> 세액공제액 = 해당 과세연도에 발생한 신성장·원천기술 연구개발비 X 공제율

공제율은 기업 구분에 따라 다음과 같이 구분된다.

기업 구분	공제율
중소기업	30% + Min[해당 과세연도의 (신성장·원천기술 연구개발비/수입금액(*)) x 3배, 10%]
코스닥상장기업 및 중견기업	25% + Min[해당 과세연도의 (신성장·원천기술 연구개발비/수입금액(*)) x 3배, 15%]
대기업	20% + Min[해당 과세연도의 (신성장·원천기술 연구개발비/수입금액(*)) x 3배, 10%]

(*) 수입금액은 기업회계 기준에 따라 계산한 매출액

[국가전략기술 관련 비용]

> 세액공제액 = 해당 과세연도에 발생한 국가전략기술 연구개발비X공제율

공제율은 기업 구분에 따라 다음과 같이 구분된다.

기업 구분	공제율
중소기업	40% + Min[해당 과세연도의 (국가전략기술 연구개발비/수입금액(*)) x 3배, 10%]
중견기업 및 대기업	30% + Min[해당 과세연도의 (국가전략기술 연구개발비/수입금액(*)) x 3배, 10%]

[일반연구·인력개발비]

대부분의 기업들의 R&D비용은 일반연구·인력개발비에 해당할 것으로 판단되는 바, 신성장·원천기술 연구개발비나 국가전략기술 연구개발비에 해당하지 않거나, 이를 선택하지 않은 내국인의 연구·인력개발비(이하 '일반연구·인력개발비'라 함)의 세액공제는 다음과 같다.

일반연구·인력개발비는 총액 발생 기준에 의한 세액공제액과 증가 발생 기준에 의한 세액공제액 중 하나를 선택할 수 있다. 따라서 두 가지 방법으로 각각 계산해본 뒤, 그중에서 세액공제 효과가 더 큰 방식을 선택하는 것이 유리하다.

기업 구분[주2]	총액발생기준	증가발생기준
중소기업	당해연도 발생액 X 25%[주1]	(당해연도 발생액 – 전년도 발생액) X 50%
중견기업	당해연도 발생액 X 8%	(당해연도 발생액 – 전년도 발생액) X 40%
대기업	당해연도 발생액 X 0~2%	(당해연도 발생액 – 전년도 발생액) X 25%

[주1] 다만, 중소기업이 최초로 중소기업에 해당하지 않게 되는 경우에는 다음에 따른다.
　가. 최초로 중소기업에 해당하지 아니하게 된 과세연도의 개시일부터 3년 이내에 끝나는 과세연도까지: 100분의 20
　나. 가)의 기간 이후부터 2년 이내에 끝나는 과세연도까지: 100분의 15

[주2] 다만, ①해당 과세연도의 개시일부터 소급해 4년간 일반연구 · 인력개발비가 발생하지 아니하거나, ②직전 과세연도에 발생한 일반연구·인력개발비가 해당 과세연도의 개시일부터 소급해 4년간 발생한 일반연구 · 인력개발비의 연평균 발생액보다 적은 경우에는 총액발생기준에 해당하는 금액을 적용한다.

대부분의 스타트업이 중소기업으로 분류될 것인데, 중소기업의 세액공제 금액은, 당해연도 발생액의 25%와 (당해연도 발생액 - 전년도 발생액)의 50% 중 큰 금액을 선택가능한데, 실로 큰 세제 혜택이 아닐 수 없다. 물론 과세될 이익이 발생해 당해연도 납부할 세금이 있을 경우, 바로 절세 가능하다. 그러나 세액공제는 향후 10년간이나 이월되어 납부할 세액을 줄여줄 수 있다는 점을 기억해야 할 것이다.

증거서류 작성 및 보관에 철저해야 세액공제혜택이 적용된다

본 세액공제를 적용받기 위해 연구개발계획서, 연구노트, 연구개발보고서 등 증거서류를 작성하고 5년간 잘 보관해야 한다.

연구개발비 구분	작성의무	증가 발생 기준
신성장·원천기술 관련 비용	연구개발과제별로 연구개발계획서, 연구노트, 연구개발보고서를 작성해야 함	해당 과세연도 종료일로부터 5년간 보관
국가전략기술 관련 비용		
일반연구인력 개발비	연구개발과제별로 연구개발계획서와 연구개발보고서를 작성해야 함 (연구노트는 제외 가능)	

구분경리가 필요한 연구개발비

신성장·원천기술 연구개발비 및 국가전략기술 연구개발비에 대한 세액공제를 적용받으려는 내국인은 일반연구·인력개발비, 신성장·원천기술 연구개발비 및 국가전략기술 연구개발비를 대통령령으로 정하는 바에 따라 구분경리(區分經理)해야 한다. 세제 혜택을 받기 위해서 이 정도 노력은 감수해야 할 것이다.

세액공제를 신청해야 혜택을 준다

본 세액공제를 적용받기 위해, 과세표준신고를 할 때 기획재정부령으로 정하는 세액공제신청서, 연구및인력개발비명세서 및 증거서류를 납세지 관할 세무서장에게 제출해야 한다. 즉, 기업이 세액공제를 직접 신청하지 않으면 세액공제 혜택을 받을 자격이 생기지 않는다. '우는 아이에게 떡 하나 더 주는 법'이다.

향후 10년간 이월되는 세액공제

본 세액공제는 해당 과세연도에 납부할 세액이 없어서 공제받지 못하는 세액이 발생하더라도 공제받지 못한 금액에 대해서는 해당 과세연도의 다음 과세연도 개시일부터 10년 이내에 끝나는 각 과세연도에 이월해 공제 가능하다. 그러므로 당장 세액공제의 효과를 맛보지 못하더라도 실망하지 말고 우리 기업의 과세이익이 나올 때까지 기다려야 한다.

연구·인력개발비용 해당 여부가 궁금하면 국세청에 사전 심사를 청구하자

내국인이 과세표준 신고를 하기 전에 연구개발활동이나 인력개발에 지출한 비용이 세액공제 대상이 되는 연구·인력개발비용인지 여부가 궁

금한 경우에는 국세청장에게 미리 심사해줄 것을 요청할 수 있다(조세특례
제한법 시행령 제9조 제17항).

기타 세법적으로 유리한 사항이 더 있다

연구·인력개발비 세액공제는 농어촌특별세가 비과세된다. 일부 조특
법상 세액공제는 그 혜택받은 금액의 20%만큼 농어촌특별세를 납부해
야 하나, 본 세액공제는 농어촌특별세가 부과되지 않는다.

또한, 세액공제를 신청하는 기업이 중소기업에 해당할 경우 연구·인력
개발비 세액공제액은 최저한세[21] 대상에서 제외되는 혜택이 있다. 그만큼
중소기업의 연구개발활동을 국가가 최대한 지원하려고 한다는 것을 알
수 있다.

○ 연구개발활동 관련 지출에 대한 회계처리

연구개발활동에 소요되는 비용에는 연구개발활동에 투입된 인력들의
인건비와 인건비성 경비(복리후생비, 4대 보험료 등), 재료비, 경비 등이 있을 것
이다. 이러한 비용들은 기업회계에서 어떻게 회계처리할까? 원칙적으로
이러한 비용은 경상연구개발비(또는 경상개발비)라는 계정명으로 장부에 반

---

[21] 최저한세란 기업이 아무리 많은 조세감면(세액공제나 소득공제 등)을 적용받더라도, 납부해야 하
는 최소한의 세금을 의미한다. 이는 조세 감면을 일정 수준으로 제한함으로써 조세 부담의 형
평성을 제고하기 위한 제도다.

영된다. 경상연구개발비(또는 경상개발비)가 제조 과정에서 발생하면 제조 원가로 분류되고, 제조 과정과 무관하지만 기업부설연구소에서 지출된 것이라면 판매비와 관리비[22]로 분류될 수 있겠다.

한편 기업회계 기준에서는 매우 엄격한 조건들을 모두 충족하는 경우에 한해 연구개발활동으로 지출된 비용을 무형자산으로 처리할 수 있는 길을 열어두고 있다. 이처럼 무형자산으로 처리되는 계정을 '개발비'라고 한다. '개발비'는 언뜻 보기에 비용 계정으로 보이지만, 실제로는 자산계정이다. 즉, 회계장부에 비용으로 반영되지 않으므로 손익은 좋아지고 자산은 증가해 재무상태도 더 좋아 보일 수 있다. 또한, 무형자산에 '개발비'라는 계정이 보이므로, 외부인이 보기에 연구개발활동에 진심인 회사로 홍보될 수도 있다.

이러한 점 때문에 일부 경영자들은 연구개발활동에 지출된 비용이 발생하면, 실질적으로 비용으로 반영되어야 함에도 불구하고, 이를 무형자산인 개발비라는 계정으로 처리하기도 한다. 이는 기업회계 기준에 위배되는 회계처리이며, 외부 회계감사를 받거나 외부 투자를 유치하기 위해 자산·부채실사를 받게 되면 바로 자산성이 부인되어 비용화될 것이다.

---

[22] 일반적으로 '판매비와 관리비'에는 다수의 소계정들이 있다. 이 중에 '경상연구개발비'나 '경상개발비'라는 계정도 있는데, 제조 과정과 무관한 연구소의 비용들은 경상연구개발비나 경상개발비라는 계정으로 통합될 것이다.

• 마무리 요약

연구·인력개발비에 대한 세액공제는 실로 대단한 지원정책이다. 그러므로 세법에서 규정한 요건들을 충실히 충족해 동 세액공제를 받아 세부담을 낮추고, 연구개발의 성과물을 통해 지속적 성장의 발판을 마련해야 할 것이다.

직무 발명 보상금과 무형자산 세무처리 : "특허 냈는데, 세금이 붙나요?"

• 에피소드 : 500만 원짜리 보너스가 세금 폭탄이 된 사연

하드웨어 기술 스타트업 H사는 CTO와 엔지니어 팀이 공동 개발한 핵심 기술을 회사 명의로 특허 등록했다. 대표는 팀의 노고에 보답하고자, '직무 발명 보상금' 명목으로 1인당 500만 원을 지급하며 연말 보너스처럼 급여에 합산해 처리했다.

몇 달 뒤, CTO가 대표를 찾아와 예상치 못한 이야기를 꺼냈다.

"대표님, 지난번 보상금 때문에 이번 달 건강보험료가 수십만 원이 더 나왔고, 연말정산 때 소득세 폭탄을 맞을 것 같습니다. 알아보니, 이거 원래 비과세로 받을 수 있었다고 하던데요?"

알고 보니, 발명진흥법에 따른 절차와 규정만 갖췄더라면, 이 500만 원은 세금 한 푼 없는 비과세 소득이 될 수 있었다. 규정 하나가 없어, 회사는 불필요한 4대보험료 부담을 지고 직원은 세금 폭탄을 맞게 된 것이다. 대표는 미안함과 아쉬움에 고개를 숙였다.

• 해설 : 직무 발명, 아는 만큼 보이고 챙기는 만큼 아낀다

직무 발명은 직원이 업무와 관련해 개발한 기술(특허, 실용신안 등)의 권리를 회사가 승계하고, 이에 대한 대가를 직원에게 지급하는 제도다. 이는 단순한 포상이 아니라, 직원과 회사 모두에게 파격적인 세제 혜택을 주는 '전략적 자산 관리' 행위이기도 하다.

개인(직원) 입장: 가장 강력한 혜택, '비과세 소득'

소득세법 제12조 제5호 라목은 발명진흥법 제15조에 따라 지급되는 직무 발명 보상금에 대해 연 700만 원까지 전액 비과세 혜택을 부여한다. 이는 근로소득, 사업소득, 기타소득을 통틀어 가장 강력한 비과세 혜택 중 하나다.

(직무 발명 보상금이 5,000,000원이라고 가정함.)

구분	올바른 처리(규정 有)	잘못된 처리(규정 無)
소득 구분	비과세소득	근로소득(과세)
세금 부담	0원(연 700만 원 한도)	소득세율(6~45%)에 따라 과세 (ex. 소득세율 15% 가정 시 약 825,000원)
4대보험	미적용	적용(근로자/회사 모두 보험료 부담 증가) (ex. 보험료율 9% 가정 시 약 450,000원)
직원실수령액	5,000,000원	약 3,725,000원
필수 조건	발명진흥법에 따른 보상 규정 및 절차 준수	없음

[심화] 비과세 요건: '직무 발명 보상 규정'이 있는가?

비과세 혜택을 받기 위한 유일한 조건은, 사내에 '직무 발명 보상에 관한 규정'이 있고, 그 규정에 따라 보상금이 지급되었음을 증명하는 것이다. 규정이 없다면, 아무리 직무 발명에 대한 대가라도 세법은 이를 단순 '근로소득(상여금)'으로 본다.

○ 법인(회사) 입장: '비용(손금)'인가, '자산'인가?

회사는 지급한 보상금과 특허 취득 과정을 어떻게 회계처리할지 선택해야 한다. 회사는 특허와 관련된 지출을 '비용'으로 처리할 수도, '자산'으로 처리할 수도 있다.

구분	회계처리	세무상 효과	투자·IR 관점
직무 발명 보상금	경상연구개발비 또는 인건비 (비용 처리)	사내 규정에 따라 지급 시, 전액 비용(손금)으로 인정되어 법인세 절감	즉시 비용 처리로 당기순이익은 감소 효과
특허권 (자체 개발)	무형자산으로 등재 (개발비)	· 자산화 후, 내용연수(통상 5~7년)에 걸쳐 감가상각비로 비용 처리 · 연구·인력개발비 세액공제와 연계 가능	· 회사의 기술력과 IP보호능력을 객관적으로 입증 · 재무상태표상 자산이 증가해 기업가치 제고에 긍정적

따라서, 초기 현금흐름이 중요하다면 비용 처리를, 투자 유치나 M&A를 앞두고 기업가치를 높여야 한다면 자산화를 적극적으로 고려하는 것이 유리하다.

○ 특허권 자산화, 투자 유치를 위한 전략적 선택

초기 스타트업에게 특허는 단순한 권리가 아니라, '우리 회사는 보호받는 기술력을 가진 유망한 기업'이라는 것을 투자자에게 보여주는 가장 강력한 신호다.

· 기업가치 상승: 특허를 무형자산으로 등재하면, 회사의 장부상 순자산 가치가 상승해 기업가치 평가(Valuation)에 긍정적인 영향을 미친다.

· 투자자 신뢰 확보: 잘 관리된 IP 포트폴리오는 투자 실사 과정에서 회사의 기술 경영 능력을 보여주는 중요한 척도가 된다. 수십 장의 기술 설명 자료보다 재무상태표에 등재된 '무형자산(특허권) OOO원'이라는 한 줄이 기술의 독점성과 사업 보호 능력을 보여주는 가장 강력한 IR 메시지가 될 수 있다.

· 세액공제 시너지: 해당 기술이 연구·인력개발비 세액공제나 통합 투자세액공제와 연계되면 절세 효과가 배가 될 수 있다.

• 실무 TIP : 세무 리스크를 최소화하는 3단계 프로세스

○ 1단계 : '직무 발명 보상 규정'부터 제정하라

변호사나 변리사의 도움을 받아, 발명진흥법의 요건을 충족하는 보상 규정을 만드는 것이 모든 것의 시작이다. 인터넷에서 다운받은 양식은 위험하다. 발명진흥법에서 요구하는 ① 직무 발명의 정의, ② 발명 신고 의무, ③ 회사의 승계 결정 통지 시한, ④ 보상액 산정 기준, ⑤ 이의 신청 절차 등의 핵심 조항이 반드시 포함되어야 한다.

○ 2단계 : '직무 발명심의위원회'를 구성하고 회의록을 남겨라

보상액 산정과 지급 결정이 대표이사 1인의 판단이 아닌, 객관적 위원회(예: CTO, 연구소장, 외부전문가)의 심의를 거쳤다는 '절차적 정당성'을 확보하는 것이 핵심이다. 그리고 모든 심의 과정은 회의록으로 작성해 서명 날인 후 보관해야 한다. 이것은 비과세의 가장 강력한 증거가 된다.

○ 3단계 : 지급 시, 급여와 명확히 구분해서 회계처리하라

보상금 지급 시, 급여대장에 '직무 발명 보상금' 항목을 별도로 만들어 지급하고, 원천징수 대상에서 제외해야 한다.

• 마무리 요약

직무 발명 보상금은 세법이 기술 스타트업에 준 전략적 히든카드다. 규정으로 제도를 갖추고, 절차로 정당성을 입증하면 직원에게는 비과세 선물을, 회사에는 기업가치 상승과 절세라는 두 마리 토끼를 안겨줄 수 있다.

정부지원과 고용창출 세액공제 :
"지원금을 받았는데, 세금도 줄어드나요?"

• 에피소드: 7,000만 원짜리 지원금이 세금 폭탄이 된 이유

소프트웨어 스타트업 I사는 '청년일자리 도약장려금'과 중기부의 R&D 지원금으로 총 7,000만 원을 받았다. 대표는 이 지원금을 '공짜 돈'이라 생각하고, 회계장부에는 단순히 '영업외수익'으로만 기록했다. 그리고 직원을 5명이나 새로 뽑았음에도, '통합고용세액공제'가 있다는 사실은 까맣게 몰랐다.

2년 후 회사를 이전하고, 세무대리인을 교체했는데, 교체된 공인회계사는 대표에게 예상치 못한 결과를 설명했다.

"대표님, 전년도에 지원금 7,000만 원을 그대로 과세소득에 잡아 법인세가 수천만 원 나왔는데, 반면에 청년 5명을 채용하면서 받을 수 있었던 조세특례제한법 제29조의8에 따른 통합고용세액공제 약 7,250만 원(수도권 내 1인당 1,450만 원)은 신청조차 하지 않으셨네요."

지원금은 고스란히 세금으로 내고, 받을 수 있었던 세금 환급은 허공으로 사라진 최악의 상황. 대표는 그저 황당할 뿐이었다.

• 해설: 정부지원은 '전략적으로 써야 이득이 된다'

정부지원은 '받는 것'이 끝이 아니라, '세무 전략의 시작'이다. 지원금 자체의 회계처리와, 그 지원 사업과 연계된 세액공제를 어떻게 활용하느냐에 따라 결과는 하늘과 땅 차이다.

○ 첫 번째 관문: 정부지원금의 올바른 회계처리

단순히 '영업외수익'으로 잡기보다, 목적에 따라 '비용과 대응'시키는 것이 전략적 회계처리다.

구분	설명
기본 원칙	상환 의무 없는 지원금은 과세 대상 수익(익금)
수익 인식 시기	실제 지급되거나, 지급이 확정된 시점에 인식
세무 조정 필요 여부	수익이지만, 사용 목적에 따라 비용과 상계 처리 가능
예시	인건비·임차료 목적의 지원금은 관련 비용과 '상계 처리'해 손익 왜곡 방지

단순히 '영업외수익'으로 처리하기보다 인건비 지원금이라면 '인건비'에서, R&D 지원금이라면 '연구개발비'에서 직접 차감하는 방식이 재무제표의 손익 왜곡을 막고, 회사의 실제 성과를 명확히 보여주는 데 유리하다.

○ 두 번째 관문: 숨겨진 보물, '고용 관련 세액공제'

정부는 고용을 늘리는 기업에게 파격적인 세금 혜택을 준다. 이는 법인세를 '줄여주는(감면)' 수준을 넘어, 내야 할 세금에서 '직접 빼주며(공제)', 낼 세금이 없으면 최대 10년간 이월해 미래의 세금에서 공제해주는 가장 강력한 절세 수단이다.

제도명	핵심 내용	공제 금액 (중소기업 기준)
통합고용세액공제(조특법 §29의8)	직전년도 대비 상시근로자 수가 증가한 경우, 증가 인원 1인당 일정 금액을 세액에서 공제	• 수도권 내: 청년/장애인 등 1,450만 원, 그 외 850만 원 • 수도권 밖: 청년/장애인 등 1,550만 원, 그 외 950만 원

○ 감면 vs. 공제, 무엇을 선택해야 할까?

조세특례제한법은 동일한 사안에 대해 두 개 이상의 혜택을 중복해서 적용해주지 않는다. 따라서 우리 회사에 가장 유리한 카드 하나를 전략적으로 선택해야 한다.

구분	창업중소기업 세액감면(§6)	통합고용세액공제(§29의8)
유리한 상황	고용은 적고, 이익이 큰 스타트업	이익은 적고, 고용이 큰 스타트업
효과	법인세 내지 소득세를 50~100% 감면	내야 할 세금이 없어도 공제 금액을 다음 해로 이월(최대 10년)가능
최저한세	감면율이 100%인 경우에만 최저한세 적용받지 않음.	최저한세 적용됨.

최저한세: 아무리 감면·공제를 많이 받아도 최소한 내야 하는 세금
[전략적 선택] 창업 초기 적자 상태라면? 통합고용세액 공제를 신청해 10년간 이월시킬 것. 그리고 나중에 이익이 크게 발생했을 때, 이월된 세액공제액으로 세금을 절감한다.

○ 지원금으로 쓴 돈은 세액공제 대상이 아니다

정부지원금을 받아 인건비를 지급했다면, 해당 인건비는 고용 관련 세액공제나 R&D 세액공제 대상에서 제외된다. 예를 들어, 청년일자리도약장려금으로 인건비 일부를 보전받았다면, 그 보전분만큼은 고용세액공제 대상 금액에서 차감해야 한다. 이를 어기면 추징될 수 있다.

○ 모든 고용은 '상시근로자' 개념으로 필터링하라

세액공제의 기준이 되는 '상시근로자'는 대표이사, 그 특수관계인, 임원 등이 제외된다. 채용 계획 수립 시, 이 사람이 세법상 상시근로자에 해당하는지부터 판단하는 것이 절세의 첫걸음이다.

○ 놓친 세금 혜택, 5년 안에 되찾을 수 있다

세무대리인의 실수나 대표의 무지로 인해 과거에 세액감면이나 공제를 놓쳤다고 해서 영원히 끝나는 것은 아니다.

'경정청구(更正請求)' 제도를 통해, 법정 신고 기한 경과 후 5년 이내라면 언제든지 과거에 더 낸 세금을 돌려달라고 정당하게 요구할 수 있다.

지금이라도 과거 5년간의 법인세(또는 종합소득세) 신고서를 다시 한번 검토해보자. 수천만 원의 숨겨진 현금이 잠자고 있을지도 모른다.

• 실전 체크리스트 : 정부지원 혜택 극대화 전략

항목	체크포인트 및 액션 플랜
1. 지원금 수령 시	지원금의 정확한 명칭과 사용 목적을 파악하고, 관련 세액공제 제도가 있는지 반드시 확인
2. 인력 채용 시	채용 인력의 '상시근로자' 해당 여부를 확인하고, 월별 근로자 수 변동 현황을 기록 관리(4대보험 취득·상실일 기준)
3. 회계처리 시	지원금 수익을 관련 비용과 상계 처리해 손익 왜곡을 방지
4. 세무 신고 시	공인회계사와 협의해, 우리 회사에 가장 유리한 세액감면·공제 방안을 '선택'하고, 신청서를 누락 없이 제출
5. 신고 완료 후	과거 5년간의 신고 내역을 재검토해, 놓친 공제·감면이 없는지 확인하고 '경정청구' 가능성을 타진

• 마무리 요약

정부지원은 '받는 용기'보다 '관리하는 지혜'가 더 중요하다. 지원금은 회계로 방어하고, 세액공제로 공격해 혜택을 200% 활용하는 것이 진짜 실력이다.

공공서비스 재원을 위한 세금

세금은 누구나 좋아하지 않는다. 세무 업무를 하다 보면 '국가가 나에게 해준 게 뭐가 있다고 이렇게나 많이 빼앗아가나?' 하는 고객들의 매우 진지하고도 강력한 심리적 조세 저항에 놀랄 때가 많다. 속으로 '그 정도 벌면 이 정도는 세금으로 내야 하는 거 아냐?'라는 생각이 들기도 하지만, 필자 자신도 당사자가 되면 비슷한 불평이 모르는 사이 입 밖으로 새어 나올 것이다.

필자의 첫째 애가 중학생이었을 때, 일일 교사로서 강의를 한 적이 있다. 다양한 직업의 부모님을 모셔서 이야기를 듣는 시간. 나는 공인회계사 겸 세무사로서 초청되었던 것이다. 무엇을 할까 고민하다가 회계나 감사 같은 것보다는 세금 이야기를 하는 게 낫겠다 싶어 정리해서 설명했었다. 이런 내용이었다.

국가는 개개인이 스스로 해결하기 어려운 일을 하는데, 이를 '공공 서비스'라고 부른다. 국방과 치안은 기본이고, 사회간접자본 건설이나 일자리 창출 등으로 경제를 활성화하거나, 교육이나 공공의료를 제공하고, 빈부 격차가 심해지지 않도록 생활 형편이 어려운 사람들을 지원하는 일이 그 대표적인 예다. 최근에는 이러한 사회복지 지출이 가장 큰 부분을 차지하고 있다.

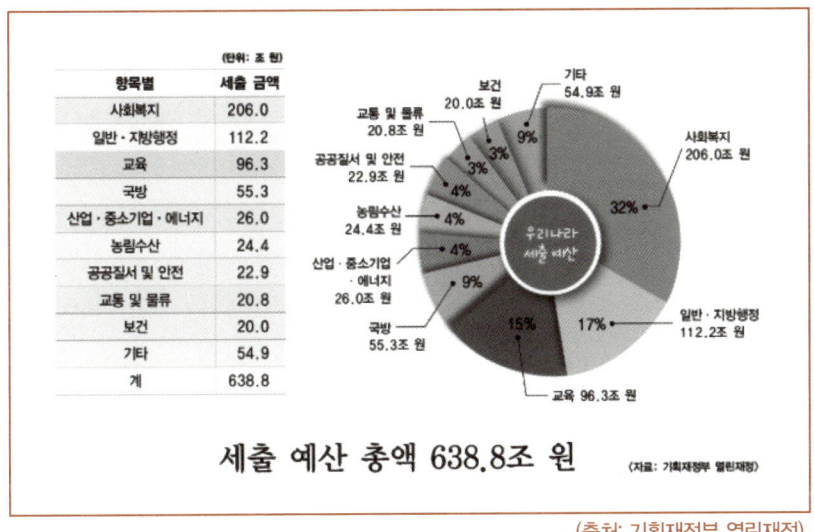

항목별	세출 금액 (단위: 조 원)
사회복지	206.0
일반 · 지방행정	112.2
교육	96.3
국방	55.3
산업 · 중소기업 · 에너지	26.0
농림수산	24.4
공공질서 및 안전	22.9
교통 및 물류	20.8
보건	20.0
기타	54.9
계	638.8

세출 예산 총액 638.8조 원

(자료: 기획재정부 열린재정)

(출처: 기획재정부 열린재정)

이 그래픽은 한 해 동안 예산이 어디에 쓰였는지를 설명하는 자료다.

이런 일들을 국가가 하기 위해서는 많은 돈이 필요한데, 이는 바로 세금을 통해서 마련하게 된다. 세금은 국가나 지방자치단체가 공공서비스를 제공하기 위해 국민으로부터 법에 따라 걷는 돈이다. 대표적인 세금으로는 근로소득세를 포함하는 종합소득세, 부가가치세, 법인세 같은 것들이 있고, 헌법 제59조에 '조세의 종목과 세율은 법률로 정한다'는 조문에 따라 국회에서 세법을 만들고, 이 법에 근거해서 세금을 부과하게 된다.

'조세공평주의'라는 자명한 원칙

공공의 이익을 위해 사용되는 세금은 국민의 능력이나 편익을 누리는 정도에 따라 걷는 것을 원칙으로 한다. 이를 '조세공평주의'라고 부른다. 조세공평주의는 간단히 말해, 모든 국민이 자신의 능력, 즉 소득이나 재산 등 경제적 능력에 따라 세금을 부담해야 한다는 원칙이다. 다시 말해, 돈을 많이 버는 사람은 더 많은 세금을, 적게 버는 사람은 적은 세금을 내야 한다는 것이다.

그래서 소득세의 경우, 소득이 증가할수록 세율이 높아지는 누진세율 제도를 도입하고 있고, 부동산, 자동차 등 보유하고 있는 재산에 따라 재산세를 부과하고 있다. '조세공평주의'는 매우 중요한데, 그 이유는 모든 국민이 공평하게 세금을 부담하면 사회적 형평성을 이룰 수 있고, 사회적 갈등을 해소하는 데도 기여하기 때문이다. 이는 단순히 세금을 공정하게 나누는 문제를 넘어, 더 나은 사회를 만들기 위한 중요한 가치이므로 우리 모두 이 원칙이 잘 실현될 수 있도록 노력해야 한다.

세금을 내는 것을 좋아할 사람은 없지만, 세금이 없으면, 국가가 해야 할 일을 하지 못한다. 따라서 국민의 조세의무는 필수불가결할 수밖에 없고, 이러한 조세의무는 공평하게, 즉 납세자의 담세 능력에 따라 부담되어야 한다.

그야말로 아주 평이하고 기본적인 세금과 재정에 관한 이야기다.

중산층 이하 세부담 증가시킨 감세 정책

최근 몇 년 간 이어지고 있는 여러 감세 정책과 대규모 세수결손은 이런 상식과 너무 배치된다. 좋지 않은 경제상황 탓에 가만히 있어도 법인과 개인의 소득이 감소해 세금이 줄어들 판에, 좌고우면(左顧右眄)하지 않는 감세 기조는 무엇을 의미하는 걸까? 결국 담세 능력에 따른 '조세공평주의'의 훼손과 세수 부족에 기인한 국가가 제공해야 할, 국가만이 제공할 수 있는 공공서비스의 축소, 그 이상도 그 이하도 아니다.

세금을 깎아주는 대신 국가의 역할도 축소한다는 것이 정부와 여당의 정책방향성이라는 것을 알아차리긴 어렵지 않지만, 중산층 이하의 세금이 낮아지는 것 같진 않은데도 국가 공공서비스를 축소하는 것은 중산층 이하 계층에게 직접적으로 영향을 미친다는 말이다.

얼마 전, 기획재정부가 발표한 2024년 6월 누계기준 국세수입 자료를 보자. 소득세는 전년 동기 대비 유지(+0.2조 원)되고, 부가가치세도 소비증가 및 환급 감소로 납부실적 증가 추세가 유지(+5.6조 원)된 반면, 법인세는 지난해 기업실적 저조로 납부실적이 감소(-16.1조 원)하고, 종합부동산세 등도 감소했다. 이로써 2024년 6월 누계 국세수입은 168.6조 원으로, 전년 동기 대비 10.0조 원 감소했다고 설명하고 있다.

어찌 보면 실적도 실적이지만 세율 인하와 세액공제·감면 확대로 인해 법인세, 종합부동산세와 증권거래세의 세수는 감소한 반면, 고물가에 따라 부가가치세 매출세액은 증대했고, 실질소득은 하락했어도 명목근로소득이나 이자소득은 늘어나 이에 대한 세수는 유지되었다는 해석도 가능해 보인다. 결국 부자 아닌 중산층 이하의 세부담은 증대했다는 말이다.

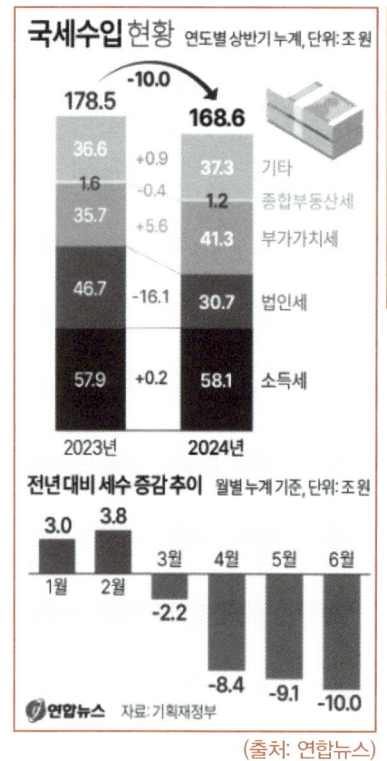

(출처: 연합뉴스)

(출처 : 기획재정부)

금투세 폐지의 황당한 주장들

끊임없이 계속되고 있는 금융 투자 소득세 논쟁과 관련해 많은 사람들이 조세공평주의나 '소득이 있는 곳에 세금이 있어야 한다'는 공평과세의 원칙뿐만 아니라, 재정건전성의 시각에서 문제점을 제기하는 것도 같은 맥락이라 하겠다. 상반기 2조 7,000억 원이 걷힌 증권거래세는 낮아진 세율로 전년 동기보다 3,000억 원 줄어든 상태이며, 내년엔 세율이 더욱 낮아진다. 또한 금투세가 폐지나 유지된다고 해서 증권거래세가 예전으로 돌아간다는 이야기는 나오지 않고 있다. 그럼 세수결손은 더욱 심화된다는 말 아닌가!

최근에는 금투세를 폐지해야 하는 이유로 '사모펀드에 대한 감세효과'가 등장했다. 금투세가 그동안 비과세였던 상장주식의 매매차익에 과세를 하는 '부자들에 대한 증세'가 아니라, 사실은 사모펀드의 환매와 양도 시 세율을 종합소득세 최고세율인 49.5%가 아닌 금투세 최고세율(주민세 포함) 27.5%로 낮추려는 숨은 의도가 있다는 것이다. 따라서 금투세는 폐지해야 한다는 주장이다. 점입가경이다. 아니, 그럼 세법 규정을 고쳐서 사모펀드의 환매와 양도차익도 배당소득으로 본다고 하면 될 것 아닌가? 이게 왜 금투세를 폐지해야 할 이유가 되는지 당황스럽다. 그냥 큰손들이 금투세가 무서워 주식 시장을 떠나면 가뜩이나 저평가된 한국증시가 더욱 타격을 입는다. 그러므로 폐지나 유예를 하자고 주장하는 것이 훨씬 솔직(?)해 보인다.

그리고 도입을 추진하는 야당 쪽도 '소득이 있는 곳에 세금이 있어야 한다'는 원칙과 한국경제와 증시의 성숙도에 대한 믿음이 있다면, 부자감세 정책을 줄기차게 추진하는 정부나 여당의 '좌고우면'하지 않는 소신도 좀 배웠으면 한다. 자신이 없으면 물러나든지.

팔십 노모가 새 세금 걱정하는 세상이라니….

그런데 어제 저녁, 필자의 생각이 바뀌었다. 저녁을 먹고, 먹고 난 뒤, 올해 여든한 살이 되신 어머니와 함께 TV를 보며 이야기를 나누던 중, 문득 어머니께서 물으셨다.

"금투세가 뭐냐?"

"네?"

"다음 달에 정기예금 만기가 돌아오는 데, 세금 떼는 거야? 자꾸 테레비에 나오던데."

"아, 그건 주식 투자해서 돈 벌면 내는 세금이에요. 정기예금하고 상관없어요."

"이자 받는 거는 세금내는 거 아니야?"

"아 그게…. 실은 이자소득은 이미 세금을 떼고 있어요. 만기에 이자 주잖아. 세금을 떼고 줘요."

"세금을 떼고 줘? 나한테 은행에선 안 뗀다고 했는데?"

"그건 어머니께서 65세 이상 노인이라서 비과세종합저축에 가입하셨기 때문일 거예요. 아마 5,000만 원까지 비과세였을걸요?"

"그래, 5,000만 원은 세금 안 떼고 3.4%고, 나머지 4,000만 원은 3.45%인가 그랬어."

"그 나머지 4,000만 원은 이자 줄 때 세금 떼고 줄 거예요. 15.4% 떼면 받는 건 비과세보다 적지."

"그래서 금투세는 안 떼는 거야?"

"아니, 그게 아니고, 이자소득에 대해서는 종합소득세를 떼는데, 어머니는 별 소득이 없으니까 은행에서 원천징수 15.4%를 떼고 나면 땡이고, 금투세는 주식 투자 안 하니까 상관없어요."

"하여간, 세금 안 내는 거지?"

"아니, 그게 아니고, 이자소득은 이미 떼고 있지. 주식 투자로 번 돈은 지금까지 세금을 안 냈는데, 이제는 세금을 내라는 거죠. 그런데 정부는 또 그걸 없애겠다고 앞장서고 있고요."

"…."

어머니께서는 '도대체 무슨 소리를 하는 건지 원…'이라는 표정을 지으셨다. 이해하지 못하시겠다는 게 눈에 훤히 보였다.

어쨌든, 이 짧은 대화 이후 금투세에 대한 필자의 생각은 바뀌었다.

금투세와 대부분의 개미 투자자는 별 상관이 없다. 또 어머니와의 대화에도 언급되었지만 이자소득에 대해서는 과세하고 있다. 그러니 금융투자 소득에 대해서 과세하지 않을 이유도 없다. 게다가 세수도 모자라다면서 왜 부자, 그것도 초부자에 대한 감세에 집착하나 궁금하지만, 이런 논의는 별 의미가 없겠다는 생각이 들었다.

금투세는 이미 너무 정치적인 이슈가 되고 말았다. 얼마나 TV에서 떠들어댔으면, 팔순 노모께서 어떤 이상한 세금이 도입되어서 당신의 재산을 빼앗아갈 수도 있다고 느끼셨을까?

합리적인 논의와 설득의 영역을 넘어서 여당 쪽이면 금투세 반대, 즉 폐지, 야당 쪽이면 찬성이라는 기본적인 구도에 더해, 금투세가 도입되면 국장이 무너지고 코리아디스카운트는 더욱 심화된다는 프레임까지 이미 형성이 되었다. 주식 투자로 어찌어찌 모자란 생활비라도 벌어보려는데, 쓸데없는 세금으로 큰손 투자자들을 다 쫓아내고 개미들에게는 삥이나 뜯으려 한다는 이미지가 각인되었다. 이를 단시간 내 바꿀 수 있을까? 아닐 것 같다.

그렇다면, 이 시점에선 화끈하게 폐지를 — 도입이 된 것은 아니니까, 폐지는 아니고, 도입의 취소겠다 — 하는 게 맞다(다만, 은근 슬쩍 증권거래세는 기존대로 계속 걷고).

시간이 지나, 부의 양극화는 더욱 심화되고, 줄어든 세수 탓에 복지예산 등이 줄어들어 서민들이 못 견딜 상황에 다다른 후, 새로운 세원의 발굴이 절실해지면 지금의 찬반 논란은 잊은 채 다시 논의를 시작하면 된다. 그때까지 코리아디스카운트가 해소되고 밸류업도 충분히 되어 개미 투자자들이 부자가 되어 있기만을 바랄 뿐이다.

공인회계사/세무사 **임방진**(더칼럼니스트, 2024.8.22)

PART 3

성장을 준비하는 1~3년 차 :
투자와 제도 활용의 골든타임

통합고용세액공제 :
"채용하면 세금을 돌려준다?"

• 에피소드

창업 후 1년을 근근히 버텨낸 L대표. 창업 1주년을 맞이하자 감회가 새롭다.

"사업체를 창업하고 겨우 1년을 버텼는데, 이제부터는 비즈니스를 더욱 키워야지. 그러려면 직원도 2명 정도는 채용해야겠어."

그렇다. 이제 1인 기업에서 탈피해 조금 더 큰 사업체로 변신해야 하는데, 이를 위해서는 직원을 채용해야 한다. 그러나 직원 채용이 어디 쉬운 일인가? 단지 사람을 뽑는 것만으로 끝나는 일이 아니다.

채용 이후에는 매달 월급을 지급해야 하고, 4대 보험료의 절반도 사업자가 부담해야 한다. 게다가 복리후생비 등 각종 인건비 부담도 함께 늘어난다. 직원은 선발해야겠는데, 인건비 등 부담이 벌써부터 걱정이라 선뜻 채용공고를 내지 못하는 L대표.

그런데 평소 알고 지내던 노련한 회계사로부터 직원수가 늘어나면 국가에서 세금을 엄청 환급해주는 제도가 있다는 말을 듣고 귀가 번쩍 뜨였다.

"아니, 그런 멋진 세제 혜택이 있었단 말인가? 얼마나 세금 환급이 되는 걸까?"

• 해설

○ 첫째도 고용, 둘째도 고용, 셋째도 고용

최근 우리 정부의 고민거리 중 하나는 고용 증대다. 즉, 취업 걱정 없는 한국을 만드는 것이 화두다. 이를 위해 정부와 지자체에서는 여러 가지 지원책을 쏟아내고 있다. 세법에도 기업이 고용을 늘리면 이를 지원해주는 제도가 마련되어 있는데, 대표적인 제도가 바로 조세특례제한법(이하 '조특법'이라 함)에 규정된 '통합고용세액공제'다.

과거에도 고용과 관련된 세제 혜택으로 고용증대세액공제, 중소기업 사회보험료 세액공제, 경력단절여성 고용기업에 대한 세액공제, 정규직근로자로의 전환에 따른 세액공제, 육아휴직 복귀자에 대한 세액공제라는 다양한 제도가 마련되어 있었다. 이들을 한 가지 제도로 통합정리한 것이 바로 통합고용세액공제다.

○ 도대체 얼마나 지원해줄까?

통합고용세액공제는 기본 공제와 추가 공제로 구성된다.

통합고용세액공제 금액 = ① 기본 공제 금액 + ② 추가 공제 금액

기본 공제 금액은 '고용 증가 인원수 X 인당 세액공제액'으로 산출된다. 구체적으로는 다음 표와 같다.

근로자 구분	기본 공제액			
	중소기업 : 3년 지원		중견기업 : 3년 지원	대기업 : 2년 지원
	수도권^(주2)	지방		
청년^(주1)	1,450	1,550	800	400
일반 상시근로자	850	950	450	–

(주1) 청년 정규직, 장애인, 60세 이상, 경력단절여성 등
(주2) 수도권이란 서울특별시, 인천광역시, 그리고 경기도를 말한다(수도권정비계획법 제2조).

즉, 기본 공제는 청년 정규직근로자, 장애인 근로자, 고령 근로자 및 경력단절여성 근로자(이하 '청년 등' 이라 함)와 일반 근로자 수의 증가에 대해 세제 혜택을 주는 제도다.

한편 추가 공제는, 기본 공제 외에 정규직 전환자와 육아휴직 복귀자 수의 증가에 대해 지원해주는 제도로서, 인당 세액공제액은 다음과 같다.

[단위: 만 원]

구분	추가 공제액^(주1)	
	중소기업	중견기업
정규직근로자: 1년 지원	1,300	900
육아휴직 복귀자: 1년 지원	1,300	900

(주1) 기본 공제와 다르게 추가 공제에는 대기업은 해당되지 않는다.

○ 일부 업종은 세액공제 적용이 안 된다

통합고용세액공제는 고용된 근로자 수가 증가하면 세액공제를 지원해주는 취지의 제도나 소비성 서비스업종에는 적용이 되지 않는다. 소비성서비스업은 다음과 같은 업종을 말한다.

· 호텔업 및 여관업('관광진흥법'에 따른 관광숙박업은 제외한다)

· 주점업(일반유흥주점업, 무도유흥주점업 및 '식품위생법 시행령' 제21조에 따른 단란주점 영업만 해당하되, '관광진흥법'에 따른 외국인전용유흥음식점업 및 관광유흥음식점업은 제외한다)

그 밖에 오락·유흥 등을 목적으로 하는 사업으로서 기획재정부령으로 정하는 사업

○ 기본 공제에서 말하는 '청년 등'은 구체적으로 누구를 말하는가?

기본 공제 대상에는 일반근로자 외에, 청년 정규직, 장애인, 60세 이상, 경력단절여성 등이 있고, 이를 '청년 등'으로 표현했다. 그렇다면 도대체 청년 등은 구체적으로 누구를 말하는가?

청년 정규직 근로자

'청년'이라 함은 몇 살부터 몇 살까지의 근로자를 말하는가? 조특법에서 말하는 '청년' 정규직 근로자는 15세에서 34세 이하[23] 근로자를 말한다. 단 병역 복무 기간은 최대 6년까지 차감 반영해 나이 계산을 해준다.

예를 들어, 어떤 정규직 근로자가 만 35세이더라도 병역 복무 기간이 2년이라고 한다면 그의 나이는 33세로 간주해 '청년' 정규직 근로자로 본다. 다만, 정규직에 해당되지 않는 다음의 근로자는 청년 정규직 근로자에 해당하지 않는다.

· 기간제 근로자 및 단시간 근로자

· 파견 근로자

· 청소년 유해업소에 근무하는 청소년

장애인 근로자

장애인 근로자는 다음의 근로자를 말한다.

· 장애인복지법의 적용을 받는 장애인

· 국가유공자 등 예우 및 지원에 관한 법률에 따른 상이자

· 5.18민주유공자 예우 및 단체 설립에 관한 법률에 따른 5.18민주화 운동 부상자

· 고엽제 후유의증 환자로서 장애등급 판정을 받은 자

60세 이상 근로자

근로계약 체결일 현재 연령이 만 60세 이상인 사람을 말한다.

---

[23] 2025년 세제개편안 상세본('2025.7.31. 기획재정부)에 따르면, 청년 여부 판단 기준을, 해당 과세연도 15~34세에서 '근로계약 체결 당시' 15~34세로 변경한다. 이 개정 내용은 2025.12.31.이 속하는 과세연도를 최초 공제연도로 해서 통합고용세액공제를 신청하는 분부터 적용된다고 한다.

경력단절여성 근로자

경력단절여성 근로자는 다음 조건을 '모두' 충족한 자를 말한다.

· 해당 기업 또는 해당 기업과 동일한 업종의 기업에서 1년 이상 근무한 자. 여기서 동일한 업종이란, 한국표준산업분류상의 중분류가 같은 업종임(조특법 26의 3 ②).

· 결혼, 임신, 출산, 육아 및 자녀 교육의 사유로 퇴직한 날로부터 2년 이상 15년 미만의 기간이 지났을 것(조특령 26의3 ④)

· 기업의 최대주주 또는 최대출자자(개인사업자의 경우는 대표자) 및 그와 친족관계가 아닌 근로자

위와 같은 '청년 등' 근로자를 채용해 근로자 수가 증가한 경우에는 일반 근로자 수가 증가한 경우보다 더 큰 금액의 세액공제를 지원해주고 있다.

○ 근로자 수의 증가는 어떻게 계산할까?

근로자 수가 증가한 것을 측정해야 하는데, 단순히 연말 재직 중인 근로자 수가 증가했다고 해서 세액공제를 해주지는 않는다. 여기서 '상시근로자'라는 개념이 등장한다. 근로자들은 사업연도 중간에 입사와 퇴사를 하고 있기 때문에 정확한 근로자 수의 증가는 평균인원 개념이 반영된 '상시근로자 수'로서 측정해야 한다. 상시근로자 수는 매월 말 상시근로자 수 합계를 해당 과세연도의 개월 수로 나눈 값이다. 즉, 연평균 개념의 근로자 수를 반영한 것이다.

> 상시근로자 수 = 매월 말 (청년 등) 상시근로자 수 / 합계 해당 과세연도의 개월 수

다만, 상시근로자 수를 계산할 때 다음에 해당하는 자는 상시근로자의 범위에서 배제됨에 유의해야 한다.

· 근로계약 기간이 1년 미만인 근로자(근로계약의 연속된 갱신으로 인해 그 근로계약의 총 기간이 1년 이상인 근로자는 제외한다)

· 근로기준법 제2조 제1항 제9호에 따른 단시간 근로자. 다만, 1개월간의 소정근로시간이 60시간 이상인 근로자[24]는 상시근로자로 본다.

· 법인세법 시행령 제40조 제1항 각 호의 어느 하나에 해당하는 임원

· 해당 기업의 최대주주 또는 최대출자자(개인사업자의 경우에는 대표자를 말한다)와 그 배우자

· 근로소득원천징수부에 의해 근로소득세를 원천징수한 사실이 확인되지 아니하고, 국민연금과 건강보험료의 납부사실도 확인되지 아니하는 자

○ 추가 공제 조건은 무엇인가?

기본 공제에 대해 알아보았으니 이제 추가 공제에 대해 조금 더 공부

---

[24] 2025년 세제개편안 상세본(2025.7.31. 기획재정부)에 따르면, 단시간 근로자의 상시근로자 판단 기준을 현재 월별 근로시간 60시간 이상 근로자에서 '연간 월평균 근로시간(연간 총 근로시간/해당 과세연도 근무개월수)'이 60시간 이상인 근로자로 변경한다. 이 개정 내용은 영 시행일 이후 과세표준을 신고하는 분부터 적용된다고 한다.

해보자.

첫째, 일단 기본 공제 외에 추가 공제 혜택을 받으려면 전체 상시근로자 수가 감소하지 않아야 한다.

둘째, 기존 근로자의 정규직 전환이나 육아휴직자의 복귀가 발생해야 한다.

· 정규직 근로자로의 전환 : 직전 과세 기간에 기간제, 단기간, 파견근로자였던 자와 기간정함이 없는 정규직 근로계약을 체결한 경우를 의미한다.

· 육아휴직 복귀 : 해당 기업에서 1년 이상 근무한 자가 육아로 인해 6개월 이상 연속해서 휴직 후 복귀한 경우를 말하며, 자녀 1인당 한 차례에 한정해 추가 공제를 적용한다. 다만, 최대주주 또는 그와 특수관계자는 제외된다.

위 두 가지 조건이 충족되면 추가 공제도 해주는 것이다.

○ **세액공제를 받았다고 끝이 아니다. 방심은 금물이다**

상시근로자 수가 증가해 기본 공제와 추가 공제까지 세액공제를 적용받았다면, 다음과 같은 사후관리에 신경써야 한다.

· 기본 공제의 경우, 기본 공제를 적용받은 후 두 개 사업연도 상시근로자 수가 유지되어야 한다.

· 추가 공제의 경우, 정규직근로자로의 전환일이나 육아휴직 복귀일로부터 2년 이상 해당 근로자와 근로관계가 유지되어야 한다.

이러한 사후관리조건이 지켜지지 않으면 공제받았던 세액을 추징당하게 된다. 다행인 것은 추징세액에 경과 기간에 대한 이자나 가산세는 부과되지 않는다는 점이다.

○ 창업중소기업 세액공제와 중복적용이 안 된다

창업중소기업 등에 대한 세액감면에서도 상시근로자 수가 승가하는 경우 추가 공제 혜택이 마련되어 있는데, 이 점은 통합고용세액공제와 중복되는 혜택이다. 이러한 중복 규정을 감안한 세법 개정에 따라 2025년 1월 1일 이후 창업분부터는 통합고용세액공제와 창업중소기업세액감면은 중복적용이 불가하게 되어 한 가지 세제 혜택을 선택해야 한다.

○ 향후 10년간 이월되는 세액공제

아직 이익을 내지 못하고 손실만 나고 있어서 소득세 또는 법인세를 납부할 금액이 없다고 한다면, 당장 통합고용세액공제 혜택을 누리지 못할 것이다. 그러나 본 세액공제는 해당 과세연도에 납부할 세액이 없어서 공제받지 못하는 세액이 발생하더라도 공제받지 못한 금액에 대해서는 해당 과세연도의 다음 과세연도 개시일부터 10년 이내에 끝나는 각 과세연도에 이월해 공제 가능하다. 즉, 올해에는 납부할 세액이 없어서 세액공제의 혜택을 누리지 못해도, 향후 10년 이내 사업연도에 납부할 세액이 발생하는 경우에는 세액공제를 적용받을 수 있다는 것이다.

• 마무리 요약

통합고용세액공제는 상시근로자 수가 증가하는 사업체에 지원하는 엄청난 세제 혜택이다. 직원 채용으로 사업도 성장시키고, 세액공제도 적용받아서 직원 채용으로 인한 인건비 부담을 완화하길 바란다.

중소기업에 대한 특별세액감면 :
1억 원 절세 비법

• 에피소드

"중소기업인데 몇 억씩 내는 세금이 너무 아깝단 말이야…"

A대표는 충청북도에 본점을 둔 중소기업을 10년 넘게 운영하고 있다. 창업 초기의 어려운 시기를 극복한 뒤, 이제는 사업이 안정화되어 매출도 꾸준히 성장하고 있었다. 매년 영업이익이 발생하면서 법인세도 적게는 5억 원 이상씩 꼬박꼬박 납부해왔고, 그 공로로 세무서로부터 성실납세자로 선정되기도 했다.

한편 A대표는 주변 기업 대표들로부터 절세 성공⑦ 사례를 전해 들을 때마다 본인이 운영하는 기업도 그러한 절세 비법이 없는지 궁금했다. 그래서 오랜만에 만난 노련한 회계사에게 큰 기대를 하지 않고 절세 방법을 질문해보았다.

"노 회계사님, 제가 경영하는 기업이 매년 수억 원씩 법인세를 납부하고 있는데요, 좀 아까운 면이 없지 않아요. 그래서 그런데 혹시 기가 막힌 절세 방법, 없을까요?"

노련한 회계사는 회사의 업종이나 연평균 이익 등을 물어보더니 즉석에서 이렇게 답변해 A대표를 깜짝 놀라게 했다.

"잘하면 매년 1억 원 정도 절세할 수 있겠는데요?"

과연 노련한 회계사의 머릿속에 떠오른 절세 비법은 무엇이었을까?

• 해설

A대표로부터 회사의 개략적인 정보를 접한 노련한 회계사는 회사가 중소기업에 해당하는 점, 사업장이 수도권 외인 충청북도에 소재한다는 점, 그리고 업종 등의 정보에 기초해 '중소기업에 대한 특별세액감면'이라는 조세특례를 생각한 것이다. 그렇다면 조세특례제한법('조특법') 제7조에 규정되어 있는 '중소기업에 대한 특별세액감면'이 무엇인지 한번 살펴보기로 하자.

○ 대상 기업(또는 사업소득을 영위하는 개인사업자. 이하 동일)

중소기업 특별세액감면은 '감면 업종'을 영위하는 '중소기업'에게 적용된다.

기업이 중소기업에 해당해야 한다

중소기업으로 인정받기 위한 영위 업종은 제한이 없으나, 다만 소비성 서비스업을 영위하는 기업은 중소기업으로 인정받지 못한다.

중소기업으로 인정되는 기업의 규모는 매출액 기준으로 따진다. 이를 위해 중소기업법 시행령 [별표 1]과, [별표 3]을 참고해야 한다. [별표 1]에는 주된 업종별 평균매출액 등의 중소기업 규모 기준이 제시되어 있고, [별표 3]에는 주된 업종별 평균매출액 등의 소기업 규모 기준이 제시되어 있다. 중소기업은 중기업과 소기업으로 구분되는데, 소기업에 해당하지 않으면 중기업에 해당한다.

감면 업종을 영위해야 한다

중소기업 특별세액감면을 적용받기 위해는 감면 대상 업종을 영위해야 한다. 감면 대상 업종은 제조업, 도소매업, 건설업 등 매우 다양하며, 구체적으로 조특법 제7조 제1항에 열거되어 있다.

○ 세액감면액 계산

세액감면 계산법

> 해당 사업장에서 발생한 소득에 대한 법인세(또는 소득세) X
> 감면 비율(5~30%)(주1)

사업장 소재지를 수도권과 수도권 외의 지역으로 구분할 때, 중기업의 경우 수도권 외의 지역 사업장만 세액감면을 적용하나, 소기업의 경우는 수도권 내에 소재하는 사업장의 경우에도 세액감면을 적용한다. 그리고 다음의 (주1)을 보면 소기업이 중기업보다 감면 비율이 더 크다는 것을 알 수 있다.

주의할 점은, 사업장 소재지에 따라 감면 비율을 적용함이 원칙이지만, 내국법인의 본점 또는 주사무소가 수도권에 있는 경우에는 모든 사업장이 수도권에 있는 것으로 보고 감면 비율을 적용하게 된다(조특법 제7조 제1항)는 점이다.

(주1) 감면 비율은 사업장소재지와 감면 업종 및 기업규모에 따라 다음과 같다.

규모	사업장 소재지	일반감면 업종	도매업 등(*1)
소기업	수도권	20%(*2)	10%
	수도권 외의 지역	30%(*2)	
중기업	수도권	출판업만 10%	–
	수도권 외의 지역	15%(*2)	5%
성실중소기업	위 도표에 따른 감면 비율에 110%를 곱한 감면 비율 적용		

(*1) '도매업 등'이란 도매 및 소매업, 의료업을 지칭함.
(*2) 통관대리 및 관련 서비스업을 경영하는 사업장의 경우 감면 비율은 (*2)의 감면 비율(20%,30%,15%)에 50%를 곱한 비율을 적용함.

감면 한도

다만, 앞에서 계산한 세액감면액은 다음을 그 한도로 한다.

구분	감면 한도
해당 사업장의 상시근로자 수가 직전 과세연도의 상시근로자 수보다 감소한 경우	1억 원 (–) [감소한 상시근로자 수 X 500만 원] (단, 위 금액이 음수인 경우 0으로 함)
그 밖의 경우	1억 원

즉, 기본적인 세액감면의 한도는 매년 1억 원이나, 만약 상시근로자의 수가 감소하는 경우 1명당 500만 원씩 감면 한도는 줄어들게 된다. 중소

기업 특별세액감면에서도 고용 창출의 중요성을 담았다고 해석된다.

○ **기타사항**

중소기업 특별세액감면 혜택을 누리고자 할 때, 다음 사항에 유의하자.

· 중소기업 특별세액감면을 받고자 하는 자는 과세표준신고와 함께 세액감면 신청서를 납세지 관할 세무서장에게 제출해야 한다. 그저 누워서 떡이 내 입에 떨어지기를 기다리면 안 된다.
· 중소기업 특별세액감면은 최저한세 대상이다. 여기서 최저한세란, 납부할 법인세 또는 소득세를 계산할 때, 조세감면 혜택을 받아서 세금이 크게 절감될지라도 최소한 부담해야 하는 세금을 의미한다. 즉, 세액감면이 달콤하기는 해도 국가 재정의 안정과 세부담의 형평성 등을 위해 무제한 세금을 깎아주지 않는 것이다. 그래서 중소기업 특별세액감면 혜택을 1억 원 받게 되더라도 최저한세 허들에 걸리면 일정 부분 세금 납부를 각오해야 한다.
· 감면 대상 업종과 감면 대상이 아닌 업종을 겸업하는 중소기업은 감면 대상 업종과 기타 업종을 구분경리해야 한다. 조세감면 혜택을 받기 위해 이 정도 노력은 해야 한다.
· 중소기업 특별세액감면은 세액공제와 다르게 차기 이후로 이월되어 감면되지 않는다.

• 마무리 요약

중소기업 특별세액감면은 중소기업의 발전을 지원해 국가 경제의 안정적 발전을 위한 특별 혜택이다. 중소기업이라면 영위 업종, 사업장 소재지, 그리고 구분경리 등 요건을 잘 갖추어 세액감면 혜택을 챙겨보자.

벤처기업 확인 :
투자자에게 세금 혜택을 선물하라

• 에피소드 : "저희는 '벤처기업'입니다",
이 한마디의 나비 효과

소프트웨어 개발 스타트업 A사는 Series A 투자 유치를 앞두고, VC의 권유로 '벤처기업 확인'을 받았다. 대표는 그저 'IR에 가점이나 주겠지' 정도로 가볍게 생각했다.

그런데 한 엔젤 투자자와의 미팅에서 이 사실을 언급하자, 투자자의 눈빛이 달라졌다.

"벤처기업이라고요? 그렇다면 제가 투자하는 금액은 소득공제를 받을 수 있고, 나중에 주식을 팔 때 양도세도 비과세될 수 있겠군요."

A사 대표는 처음 듣는 이야기에 귀를 의심했다. 회사가 받은 인증 하나가, 투자자에게 수천만 원의 세금 혜택이라는 실질적인 이익으로 이어진다는 사실을 전혀 몰랐던 것이다.

'벤처기업 확인이 이런 엄청난 무기인 줄 알았다면, IR 자료 첫 페이지

에 대문짝만하게 넣었을 텐데….'

• 해설 : '벤처기업 확인'은 IR용 스티커가 아니라, 투자 유치 최강의 레버리지

'벤처기업 확인'은 벤처기업육성에 관한 특별조치법에 따라 회사의 기술력과 성장성을 정부가 공식적으로 인증해주는 제도다. 이는 단순한 명예가 아니라, 조세특례제한법에 규정된 막강한 세제 혜택을 투자자에게 제공함으로써, 투자 유치의 문턱을 낮추는 가장 강력한 레버리지다.

○ 투자자를 위한 선물 ① : 엔젤 투자 소득공제(조특법 §16)

개인 투자자(엔젤)가 벤처기업에 직접 또는 개인 투자 조합을 통해 투자할 경우, 투자 금액의 일부를 자신의 종합소득금액에서 공제받아 소득세를 직접적으로 줄일 수 있다.

투자금액	소득공제율*	예시(종합소득금액 1억 원인 직장인)
3,000만 원 이하	100%	3,000만 원 투자 시, 3,000만 원 전액 소득공제
3,000만 원 초과 ~ 5,000만 원 이하	70%	5,000만 원 투자 시, 3,000만 원 + (2,000만 원×70%) = 4,400만 원 소득공제
5,000만 원 초과	30%	1억 원 투자 시, 4,400만 원 + (5,000만 원×30%) = 5,900만 원 → 공제한도가 적용되어 5,000만 원까지 소득공제

* 공제한도: 종합소득금액의 50%까지
· 적용 대상: 개인 투자자(엔젤) 또는 개인 투자 조합
· 조건: 직접 또는 조합을 통해 벤처기업 주식에 투자한 경우
· 유의사항: 3년 보유 요건 충족 필수
  → 중도 매각 시, 공제 세액 + 이자 전액 추징

○ 투자자를 위한 선물 ②: 주식 양도소득세 비과세 (조특법 §13, §14)

벤처기업에 투자한 주식을 양도해 이익이 발생했을 때, 양도소득세를 내지 않아도 되는 파격적인 혜택이다.

투자 주체	비과세 요건
엔젤 투자자, 개인 투자 조합 등	· 벤처기업에 직접 또는 조합을 통해 출자해서 취득한 주식 · (중요!) 창업 후 3년 이내 벤처기업 또는 기술성 우수 평가 벤처기업의 주식이어야 함.
창업투자회사, 벤처 투자 조합 (개정안) 벤처 투자 조합의 투자목적회사*(SPC) 등	· 창업자 또는 벤처기업에 출자해 취득한 주식 또는 출자지분

* 벤처 투자 조합이 100% 출자해서 설립

이 혜택은 모든 벤처기업 투자가 아니라, 법에서 정한 요건을 충족하는 특정 투자 건에 대해 적용되므로, 투자 유치 시 우리 회사가 해당하는지 반드시 확인하고 투자자에게 설명해야 한다.

한편, 일반 내국법인의 벤처기업 등에 출자한 금액에 대해서도 세액공제 혜택이 있다.

· 직접 또는 벤처 투자 조합 등을 통한 출자 : 주식 등 취득가액의 5%

· 민간 벤처모펀드를 통한 출자 : 출자금액의 5% + 주식 등 취득가액 증가분의 3%

－ (개정안) 주식 등 취득가액 증가분에 대해서 3%→5%로 확대

－ (개정안) 벤처 투자 조합의 투자 목적 회사(SPC)를 통한 간접출자 : 출자금액의 5%

이와 같은 조특법 개정안 통과 시, 벤처 투자 조합이 벤처 투자 조합의 투자목적회사(SPC)로부터 받는 배당소득에 대한 비과세 혜택과 창업·벤처기업에 출자해 취득한 주식에 대한 증권거래세도 면제될 예정이다.

○ 벤처기업 확인으로 달라지는 것들

항목	벤처기업 확인 前	벤처기업 확인 後
투자자 세제 혜택	없음	엔젤 투자 소득공제 + 양도세 비과세 (요건 충족 시)
스톡옵션	행사 시 '근로소득세' 과세	'비과세' 또는 '양도세' 과세특례 선택 가능 → 세금 유예 및 부담 완화로 인재 확보에도 유리
법인세/취득세	일반 세율 적용	법인세·소득세 50% 감면(창업 3년 내 최초 확인 시, 5년간) 취득세 75% 감면(확인 후 4년 내 부동산 취득 시)
정책자금/보증	일반 기업과 동일 조건	기술보증기금 보증 한도 확대(최대 200억) 등 우대
IR 매력도	기술력의 객관적 증빙 부족	정부 인증을 통한 기술력·성장성 공인, 투자자 리스크 감소

• 실전 체크리스트 : 벤처기업, 스마트하게 준비하고 활용하기

항목	체크포인트 및 액션 플랜
1. 확인 유형 선택	우리 회사 상황에 맞는 유형 선택(벤처 투자 유형, 연구개발 유형, 혁신성장 유형 등)
2. 신청 시점	투자 유치 직전 또는 정부 R&D 과제 신청 전에 미리 받아두는 것이 효과 극대화
3. IR 자료 반영	IR 자료 첫 부분에 '벤처기업 확인서'를 삽입하고, 투자자가 얻게 될 '소득공제 및 양도세 비과세 혜택'을 명확히 설명
4. 주주명부 관리	세제 혜택 대상이 되는 투자자의 주식은 별도로 구분해서 관리하고, 변동 내역을 추적(투자자에 대한 신뢰 관리의 기본)
5. 유효 기간 관리	최초 확인(유효 기간 3년) 후, 만료 전 재확인을 통해 혜택이 중단되지 않도록 관리

- (개정안) 벤처기업 투자 지원을 위해 '벤처기업 등 출자에 대한 소득공제' 적용기한을 기존 2025년 말에서 2028년 말로 연장

• 마무리 요약

'벤처기업 확인'은 회사에게는 '신뢰'라는 갑옷을, 투자자에게는 '세금 혜택'이라는 창을 쥐여주는 것이다. 이 한마디가 수십억 원의 투자 계약을 성사시키는 결정적 무기가 될 수 있다.

주식 관련 이슈 ① : 스톡옵션 부여와 행사 시 세금

• 에피소드 : "스톡옵션 대박의 꿈, 세금 폭탄의 현실"

게임 플랫폼 스타트업 B사는 초기 핵심 개발자들에게 낮은 연봉을 보상하기 위해 스톡옵션을 약속했다.

"우리 회사가 성공하면, 이 스톡옵션이 여러분의 인생을 바꿀 겁니다."

3년 후, 회사의 기업가치는 10배 성장했다. 개발자들은 감격 속에 스톡옵션을 행사했다. 행사가 1,000원짜리 주식의 시가는 11,000원이 되어, 1인당 1억 원의 '행사 이익'이 발생했다.

하지만 기쁨도 잠시, 몇 달 뒤 날아온 '근로소득세 고지서'에 모두가 경악했다. 행사 이익 1억 원이 연봉에 합산되어 최고세율 49.5%가 적용되어, 수천만 원의 세금이 부과된 것이다. 한 직원은 당황하며 말했다.

"아직 팔지도 않은 주식인데, 당장 현금이 어디 있어서 이 세금을 내라는 건가요?"

결국 직원들은 세금을 내기 위해 이제 막 받은 주식의 일부를 헐값에

팔아야 했다. 꿈의 보상은 그렇게 악몽 같은 세금 납부로 바뀌었다.

• 해설 : 스톡옵션 세금, '언제, 어떤 세금'이 나오는가?

스톡옵션의 세금은 '부여(Grant) → 행사(Exercise) → 매도(Sell)'라는 3단계의 흐름에 따라 각기 다른 시점에, 다른 종류의 세금이 부과된다.

단계	세금 발생 여부	핵심 내용
1. 부여 (Grant)	과세 없음	회사가 직원에게 '주식을 살 수 있는 권리'를 약속하는 단계
2. 행사 (Exercise)	'근로소득세' 과세	(가장 중요!) 약속한 가격(행사가)으로 주식을 사는 단계. 행사 시점의 주식 시가와 행사가의 차액(행사이익)을 '월급'처럼 간주해 근로소득세 과세
3. 매도 (Sell)	'양도소득세' 과세	행사해서 취득한 주식을 시장에 파는 단계

가장 큰 함정은 2단계 '행사' 시점이다. 주식을 팔아 현금을 손에 쥐지 않았음에도 불구하고, 수천만 원의 세금이 먼저 부과되는 '현금 없는 소득(Phantom Income)' 문제가 발생하는 것이다. 이것이 바로 '세금 악몽'의 시작!

○ 벤처기업의 특권: 행사 시점의 근로소득세를 피하는 방법

조세특례제한법은 벤처기업육성에 관한 특별조치법에 따른 '벤처기업'의 임직원에게 행사 시점의 세금 부담을 덜어주기 위한 세 가지의 강력한 '무기'를 제공한다.

특례 제도 (조특법)	세금 발생 여부	누구에게 유리할까?	효과
① 비과세 특례 (§16의2)	연간 행사이익 2억 원까지 비과세 (2024.1.1. 이후 부여분부터 적용)	모든 벤처기업 임직원에게 가장 유리. 행사 시 세금 부담이 아예 없어짐.	행사 시 세금 0원
② 분할납부 특례 (§16의3)	행사 시점에 발생하는 근로소득세를 5년간 나누어 납부	당장 현금은 없지만, 주식을 계속 보유하고 싶은 임직원	세금 납부 부담 분산
③ 양도소득세 과세특례 (§16의4)	행사 시점에는 세금을 내지 않고, 나중에 주식을 팔 때 '양도소득세'로 한 번에 납부	행사 시점의 근로소득세율(최대 49.5%)이 양도소득세율(22~27.5%)보다 높은 고연봉자에게 절대적으로 유리	과세 시점 이연 + 세율 인하

단, 벤처기업 요건 충족 + 과세특례 신청서 제출 필수

○ 스타트업의 실무 전략: 절차적 정당성을 확보하라

이 모든 세제 혜택은 스톡옵션 부여의 상법이 정한 '절차적 정당성'이 확보되었을 때만 유효하다.

정관에 근거 규정을 마련하라

스톡옵션 부여 대상, 부여 한도(발행 주식 총수의 10% 등), 행사가격, 행사 기간 등을 정관에 명확히 규정하는 것이 모든 것의 시작이다.

반드시 주주총회 특별결의를 거쳐라

상법에 따라 스톡옵션 부여는 주주총회 특별결의(출석 주주 의결권의 2/3 이상 + 발행 주식 총수의 1/3 이상 찬성) 사항이다. 이사회 결의만으로는 부족하며, 이 절차를 놓치면 스톡옵션 자체가 무효가 될 수 있다.

개별 계약서를 명확하게 작성하라

반드시 부여 대상자와 '주식 매수 선택권 부여 계약서'를 작성하고, 부여일, 수량, 행사가격, 베스팅(Vesting) 조건(예: 2년 이상 근속) 등을 구체적으로

명시해야 한다.

• 실전 체크리스트: 스톡옵션, 부여부터 매도까지

단계	체크포인트
1. 제도 설계	· 정관에 스톡옵션 관련 규정이 있는가? · 벤처기업 인증을 받아 과세특례를 활용할 계획이 있는가?
2. 부여 시점	· 주주총회 특별결의를 거쳤는가?(의사록 보관) · 임직원과 개별 계약서를 작성하고 교부했는가?
3. 행사 시점	· 직원이 어떤 과세특례(비과세/분할납부/양도세)를 선택할지 상담하고, 관련 신청서를 세무서에 제출할 준비가 되었는가? · 행사 시점의 주식 비상장 주식 가치평가 근거를 마련했는가?
4. 사후관리	· 주식 매수 선택권 관리대장을 작성해서 부여, 행사, 잔여 현황을 관리하고 있는가?

[심화] 비상장 주식의 '시가'는 어떻게 평가하나요?

스톡옵션 세금 계산의 기준이 되는 '시가'는 매우 중요하다. 비상장기업은 거래가 없어 시가가 불분명하므로, 상속세 및 증여세법에 따른 보충적 평가 방법을 준용해서 평가하는 것이 원칙이다.

그리고 임의로 낮은 가액을 시가로 적용하면, 세무조사 시 추징될 위험이 매우 크다. 공신력 있는 회계법인이나 세무법인에 의뢰해 '주식 가치평가 보고서'를 받아두는 것이 가장 안전한 방법이다.

• 마무리 요약

스톡옵션은 '세금 설계'까지 마쳐야 비로소 완성되는 보상이다. 직원에게 '꿈'을 선물하기 전에, 회사는 '과세특례'라는 안전장치를 먼저 마련해야 한다.

주식 관련 이슈 ② :
RCPS 발행 시 회계·세무 쟁점

• 에피소드 : "10억 원을 투자받았는데, 우리 회사 부채가 10억 원이라고요?"

스타트업 C사는 시리즈 A 라운드에서 10억 원 규모의 RCPS(상환전환 우선주) 투자를 유치했다. 계약서에는 '5년 후 투자자가 상환을 요청하면, 회사는 원금에 연 3%의 이자를 더해 상환한다'라는 조항이 포함되어 있었다. 대표는 '상환'보다는 '전환' 가능성이 높다고 생각했고, 당연히 10억 원은 회사의 '자본'이 될 것이라 믿었다.

하지만 첫 외부감사를 앞두고, 담당 회계법인은 뜻밖의 통보를 전해왔다.

"대표님, 이 RCPS는 회계 기준상 '자본'이 아니라 '금융부채'로 분류해야 합니다. 회사에 상환 의무가 명시되어 있기 때문입니다. 재무상태표에 부채 10억 원이 추가되고, 매년 이자비용도 인식해야 합니다."

부채비율이 급격히 치솟은 재무제표를 받아 든 C대표는 망연자실했다.

"분명 '주식'으로 투자를 받았는데, 왜 은행 대출처럼 '빚'으로 잡히는 겁니까?"

• 해설 : RCPS, 이름은 '주식'이지만 얼굴은 '부채'일 수 있다

RCPS(상환전환우선주)는 투자자가 상황에 따라 보통주로 '전환'할 수도 있고, 원리금 상환을 요구할 수도 있는, 채권과 주식의 성격을 모두 가진 '하이브리드형 주식'이다. 스타트업 투자에서 투자자 보호를 위해 가장 널리 사용된다.

○ 회계상 핵심 쟁점 : 왜 '부채'로 분류되는가?

회계 기준(K-IFRS)은 형식보다 '경제적 실질'을 우선한다. RCPS 계약서에 아래와 같은 '상환 의무' 조항이 포함되어 있다면, 이는 회사가 미래에 현금을 지급해야 할 '계약상 의무'가 발생한 것이므로 '금융부채'로 본다.

· 투자자에게 상환청구권(Put Option)이 있는 경우(가장 일반적)

· 회사가 의무적으로 상환해야 하는 조항이 있는 경우(Mandatory Redemption)

· 특정 조건(예: IPO 실패) 달성 시 상환 의무가 발생하는 경우

스타트업이 발행하는 대부분의 RCPS는 투자자 보호를 위해 상환권이 포함되므로, 회계상 '부채' 또는 부채와 자본이 섞인 '복합금융상품'으로 분류된다. 이는 재무상태표의 부채비율을 높여, 후속 투자나 대출 심사에 불리하게 작용할 수 있다.

○ 세무상 핵심 쟁점 : '배당'인가, '이자'인가?

세법은 RCPS를 통해 지급되는 대가를 '이자처럼 보이더라도 법적 형식이 주식이면 배당'으로 해석하고, 이는 법인세와 투자자의 소득세에 상당한 영향을 미친다.

상황	사례	회사의 영향(법인세)	투자자의 영향(소득세)
보유 기간 중 이자 성격의 배당 지급	투자 계약서상 약정된 이율에 따라 고정된 배당을 지급하는 경우	지급이자 손금불산입: 세법은 이를 '이자'가 아닌 '배당'으로 보아, 회사의 비용(손금)으로 인정하지 않음.	배당소득세 과세(15.4%) → 지급하는 회사가 원천징수함.
상환 시, 원금 초과 금액 지급	10억 원을 투자받고, 나중에 12억 원을 상환하는 경우	차액 2억 원은 비용(손금)으로 인정받기 어려움.	차액 2억 원은 의제배당으로 간주되어 배당소득세 과세

• 실무 TIP : 투자 계약서 협상 시, 반드시 검토해야 할 조항

투자 계약서를 검토할 때는 단순히 투자 금액과 지분율만 보아서는 안 된다. 다음의 조항들이 우리 회사의 재무제표와 미래 세금에 어떤 영향을 미칠지 반드시 법률 및 세무 전문가와 함께 검토해야 한다.

· 상환권(Put Option): 상환 조건, 상환 이자율(고정/변동), 상환 가능 기간 등

· 전환권(Conversion Right): 전환비율(리픽싱 조항 포함), 전환가격, 전환 가능 기간 등

· 청산·매각 시 우선권(Liquidation Preference): M&A나 청산 시 투자 원금의 몇 배수까지 우선적으로 회수할 수 있는지(예: 1x, 2x 등) 여부

· 이사회 참여 및 동의권: 회사의 주요 경영 의사결정에 대한 투자자의

동의권 또는 거부권(Veto) 범위

• 실전 체크리스트 : RCPS 발행 전, 우리 회사의 방어 전략

단계	체크포인트
1. 계약 전	· 투자 계약시 초안을 반드시 변호사 및 회계사와 함께 검토 · 상환 조건이 재무구조(특히 부채비율)에 미칠 영향을 시뮬레이션
2. 회계처리	· 계약 내용에 따라 '부채' 또는 '자본'으로 정확히 분류하고, 관련 주석을 상세히 기재 · 상환이자가 있다면, 매년 결산 시 '이자비용'을 발생주의에 따라 인식
3. 세무 신고	· 회계상 이자비용으로 처리했더라도, 법인세 신고 시 '지급이자 손금불산입' 세무조정이 필요한지 검토 · 상환 시 발생하는 차익에 대해 '의제배당' 여부를 검토하고 원천징수 준비
4. 투자자 관리	· 투자자에게 배당 지급 또는 상환 시, 발생할 배당소득세 문제를 사전에 안내

• 마무리 요약

RCPS는 단순한 '투자금 유치 수단'이 아니라, 회계·세무 구조를 근본적으로 바꾸는 계약이다. '주식'이라 안심하기 전에, 그 안의 조항이 '빚'이 되는 순간을 반드시 대비하라.

Scene #1 | 어떤 보험사에서 생긴 일

어느 보험사 이야기다. 새로 온 CEO는 골수 영업통이었다. 전임 CEO 가 경쟁사의 공격적인 시책에 기반한 영업 강화로 월납초회보험료뿐만 아니라 계속보험료에서 뒤처지는 바람에 임기를 1년 넘게 남겼음에도 경질이 되며, 긴급 수혈된 사람이었다.

당연히 취임하자마자 연일 이어진 전략회의. 그 결과, 상품개발 부문에서 그럴싸한 상품을 고안했고, 영업 부문에서는 월납초회보험료를 50% 이상 늘릴 공격적 시책안을 제안했으며, 기획 부문에서 이러한 목표를 달성했을 때의 예상매출과 손익을 정리했다. 다만, 계리·리스크관리 부문은 고안된 상품의 구조가 공격적인 프라이싱으로 마진이 박하고, 충분한 경험률과 위험률을 반영한 것 같지 않았다. 그래서 상품 판매 후 수 년이 지나 본격적으로 보험금 청구가 시작되면, 큰 손실의 가능성이 있다는 의견을 냈다. 여기에 영업 쪽이 제시한 시책안이 너무 공격적인지라, 불완전판매의 가능성도 높다는 점도 덧붙였다.

당연한 귀결이지만, 계리·리스크관리 부문의 의견은 의견으로 남고, 상품은 출시되었다. 대대적인 광고와 영업 시책, 매력적인 상품구조와 가격으로 공전의 히트를 쳤다. 타 회사에서 유사상품을 우후죽순 격으로 출시하기 전까지 2년 넘게 인기는 식을 줄 몰랐다.

무리로 보였던 영업 목표는 무난하게 달성되었고, 영업 부문은 엄청난 보상을 받았다. 상품개발 부문은 두둑한 성과급뿐만 아니라 사장상(賞)을 비롯해 승진까지 챙겼다. 가장 큰 승자는 CEO였다. 전임 CEO처럼 임기가 1년 넘게 남았었으나, 이번엔 경질이 아니라 그룹임원으로 승진해 회사를 떠났다.

그 후에 어떻게 되었을까? 항상 불길한 예감은 틀리지 않는다. 판매 후 4~5년이 지난 후, 본격적으로 보험금 청구가 몰려들며 악몽은 현실이 되었다. 당초 예상했던 것보다 훨씬 높은 발병률로 회사에 엄청난 손실을 안겨주기 시작했던 것이다. 그것도 한두 해로 끝나지 않고, 끝없이 청구가 들어왔다. 부랴부랴 상품 판매를 중지시켰지만, 이미 늦은 상황이었다. 아주 길고도 두터운 손실(long & heavy tail)이 기다리고 있었다.

이 사례는 픽션이지만, 이런 유사한 상황을 경험한 사람들은 무척 많을 것이다. 필자도 예외는 아니었다. 몇 년 후 벌어질 일이 뻔히 예상되는데도 그냥 지켜볼 수밖에 없었던 경험은 결코 유쾌한 기억은 아니다. 물론, 솔직히 입장을 바꿔 전문경영인의 입장으로 생각하면, 목표 자체가 단기적으로 설정되는 데 어떻게 장기적인 비전을 가지고 전략을 세울 수 있겠느냐는 의문도 든다. 필자가 그 입장이라면 어떤 선택을 했을까? 단언하기 쉽지 않다. 오히려 주인(창업주)이 아닌 고용인에게 '주인의식'을 가지라는 말 자체가 어불성설이라는 주장이 더 와닿는다.

사실 이런 대리인 문제(Agency problem) 이야기는 새롭지가 않다. 어느 업종이든 회사든 겪을 수 있는, 모두 잘 알고 있지만, 대응책 마련은 쉽지 않은 대표적인 경영이슈라고나 할까. 그래서 고용인들에게 '주인의식'을 가지게 할 수 없더라도, 주인과 유사한 행동을 유도할 수 있는 여러 방안이 고안되어 왔는데, 그중 하나가 '스톡옵션'이다.

회사가 잘되면, 기업가치(주가)가 높아지고, 그럼 주인인 주주의 부(富)도 늘어난다. 따라서, 전문경영인에게 주식을 싸게 살 수 있는 선택권을 부여하면, 기업가치가 높아질 수 있도록 일할 것이라는 생각이다. 하지만 그게 말처럼 쉽지 않다.

Scene #2 | 카카오페이에서 생긴 일

카카오페이는 지난 2021년 11월 3일에 코스피 상장에 성공했으며, 단번에 시가총액이 20조 원이 넘었다. 2021년 매출 4,500억 원, 영업이익은 적자였음에도 불구하고, 높은 성장성만으로 이런 인정을 받은 것이다.

그런데 상장 후 한달여 뒤인 12월 10일에 스캔들이 발생했다. 카카오페이의 경영진들이 스톡옵션으로 받았던 주식을 대거 매각에 나섰던 것이다. 류영준 대표이사를 포함한 임원 8명들이, 시간외매매에서 20만 원수준에서 44만 주나 지분을 정리했던 것이다. 이들은 스톡옵션을 행사해

5,000원에 매수한 카카오페이 주식을 매도함으로써 차익을 무려 878억 원이나 남겼다고 한다.

전체 주식수 대비로 보면 1%도 안 되는 물량이긴 했으나, 공모가가 너무 높지 않냐는 논란의 와중에 주요 경영진들이 일제히 물량을 던져버린 것은 당시 주가가 고점임을 자인한 셈인지라 이후 투자 심리 악화와 함께 주가는 곤두박질쳤다.

물론, 스톡옵션이라는 게 임직원에게 동기부여를 해서 회사를 성장시키고 가치를 높여 그 과실을 따 먹으라는 것이고, 이들은 그 의도에 맞게 행사를 해서 큰돈을 벌었으니 무어라 할 말은 없을 수 있겠다. 어쩌면 너무 합리적인 선택이었으리라. 하지만 소액주주인 개미들(잊지 말자. 개미들도 주주이고, 그 회사의 주인이다) 입장에서는 뭔가 뒤통수를 맞은 듯한, 그래서 '스톡옵션 먹튀'란 말에 동의할 수밖에 없는 정황이었다.

Scene #3 | 상장 바이오업체에서 생긴 일

얼마 전, 상장한 바이오업체에 다니는 후배를 만났다. 그는 원래 회계법인에서 일하다가, 상장을 앞둔 스타트업이던 지금의 회사로 옮겨 회계·재무뿐만 아니라 투자 유치나 IPO까지도 깊이 관여하며 온갖 고생을 다 했다고 한다. 결국 상장에 성공했고, 소문으로는 스톡옵션을 받아 상당한 돈을 챙겼다고 들었다. 만나자마자 축하의 말부터 건넸는데, 뜻밖의 대답이 돌아왔다.

"선배님, 그렇게 많이 벌지 못했습니다."

'뭔 소리지?'

그는 의아해하는 나의 표정을 보며 말을 이었다.

"상장 전에 공모가보다 낮게 좀 받았는데, 몇 주 못 받았고요. 상장 후 추가로 받았는데, 상장 이후 주가가 고꾸라져서 행사가격에 도달하려면 아직 멀었어요. 게다가 당장은 행사도 할 수 없는 기간이고요."

하기사, 최근 들어 바이오 쪽 주가 흐름이 좋지 않다. 역시 소문난 잔치에 먹을 것 없는 것일까? 스톡옵션 받고 상장시켜서 인생 '골든벨' 치겠다고 낮은 급여를 감수하며 그 고생을 했는데, 많이 안타까웠다.

"뭐, 그래도 옵션은 남아 있잖아. 희망이 없는 것은 아니지!"

"글쎄요. 행사가격이 2만 5,000원인데, 지금 주가가 1만 2,000원대예요."

"…."

할 말이 없었다. 만남 이후, 그 후배는 다른 업체로 이직했다. 회계와 재무, 상장 준비에서 상장까지 다 경험해본 재원인지라, 다른 일자리를 찾는 것은 어렵지 않았다. 상장이 끝이 아니라 아직 갈 길이 먼 이전 회사 입장에서는 대체 인력을 찾기 힘든 큰 손실이었을 것이다. 듣기로는 비단 그 후배뿐만 아니라 몇몇 핵심 인력들도 회사를 떠났다고 한다. 반토막 난 주가 때문에 휴지조각이나 다름없이 된 스톡옵션을 들고 희망고문을 당하고 싶지 않았던 것이다.

스톡옵션에 대비되는 RS 제도의 특징

Scene #2와 Scene #3은 스톡옵션의 한계를 보여주는 이야기다. 100년 이상 승승장구하는 기업을 만들고 싶은 주인(주주)의 염원(?)을 충족시키는 성과보상체계를 구축하는 게 그만큼 어려운 것이리라. 그래서 요즘 들어 스톡옵션에 대한 대체재로 부쩍 회자되는 제도가 있다. 양도제한조건부주식보상(Restricted Stock, RS)이 바로 그것이다.

간단히 설명하자면, 스톡옵션이 주식을 일정 가격에 살 수 있는 권리를 주는 것인 데 반해, RS는 일정 조건을 걸고 주식을 직접 부여하는 장기보상 제도다. 이름에서 짐작할 수 있듯이, 양도에 제약 내지 조건이 걸린다. 즉, 행사제약 기간 내에는 주식 매매가 금지되고, 동 기간 내에 회사와 약속된 조건이 이행되지 못할 경우 주식 지급은 무효가 된다(Restricted Stock 제도에도 몇 가지 종류가 있는데, 여기에선 상세한 설명은 생략한다).

그 외에 스톡옵션 대비 몇 가지 특징을 정리하면 다음과 같다.

구분	체크포인트	RS
부여대상	집행임원이나 이사, 감사 등 임직원(대주주는 제외)	특별한 제약 없음. 즉 대주주에게도 부여 가능
부여수량	발행 주식 수의 10% 이내	특별한 제약 없음.
행사가격	시가나 액면금액 중 높은 금액(상법 340조)	회사가 주식을 무상으로 주는 것이므로, 행사가격의 개념 없음.
부여절차	· 주주총회 특별결의 필요 · 사전에 정관에 반영되어 있어야 함.	· 정관요건은 따로 없음, · 이사회 또는 주주총회 결의 후 개별실행(이사회 결의 후 각 부여권은 대표이사에게 위임 가능)
근속요건	최소 2년	최소 근속 요건 없음(다만, 회사와의 계약에 따라 유연하게 정할 수 있음).

부여방식	신주발행, 자기 주식 양도, 차액 정산 지급	자기 주식으로 교부 (배당 가능이익 내에서 가능)
세금	차익(시가-행사가)에 대한 근로소득세 스타트업에 대해선 세제혜택 있음.	부여시 근로소득세
처분제한	처분 불가	회사와의 계약으로 부여 대상자에게 처분제한 의무부과 가능

직관적으로 설명하자면, 스톡옵션은 회사 주식을 일정 가격에 살 수 있는 선택권이다. 예를 들어, 미래의 어느 시점에 주식 1주를 5,000원에 살 수 있는 권리를 주는 것인데, 주식의 시가가 1만 원이 된다면, 1만 원짜리 주식을 5,000원에 살 수 있으니 5,000원의 이익을 보는 것이다. 그렇지만 만약 시가가 3,000원이 된다면 어떻게 될까? 당연히 스톡옵션은 아무런 가치가 없어진다.

만약 주식을 받는 RS라면 어떨까? 그냥 1주를 받는 것이다. 스톡옵션은 5,000원을 줘야 살 수 있는 것이지만, RS는 회사로부터 무상으로 받는 것이다. 만약 주가가 1만 원이 되면 1만 원만큼 이익이고, 3,000원이 된다 해도 0원이 아니라 3,000원짜리 주식이 내 손에 남게 된다. 주식을 받게 되는 시점은 회사와의 계약에 따라 변할 수 있다. 이를테면, 3년 근속을 해야 한다는 조건이 있다면 3년을 견뎌야 그 주식을 받게 된다.

개인에 따라 선호체계는 다를 수 있겠으나, '수풀 속의 두 마리 새'보다는 '내 손 안의 새 한마리(a bird in my hand)', 즉 조금이라도 불확실성이 낮은 선택지를 선호하는 것이 보다 일반적임을 감안할 때, 스톡옵션의 대체재로서 RS의 인기는 이해하기 어렵지 않다.

RS는 개별적인 계약을 통해 부여조건을 조정할 수 있기 때문에, 주주 입장에서도 스톡옵션에 버금가는 효과를 기대할 수 있다. 이를테면, 주식을 당장 주되 최소 10년을 근속해야 처분을 할 수 있다는 조건을 건다면, RS를 부여받은 임직원도 한 사람의 주주로서 10년 후 주가가 최대치가 될 수 있도록 노력을 할 것이라 기대할 수 있다는 말이다.

이에 더해, 자기 주식을 이용해서 수식을 지급해야 하기 때문에 스톡옵션처럼 신주발행에 따른 희석화 현상도 없다. 주주(대주주든 소액주주든) 입장에서 단기적으로 주식 가치의 희석 없이, 핵심인력의 장기근속과 장기적 기업가치제고가 가능하다면 마다할 이유가 어디 있겠는가? 비단 당장 돈은 없고 인재는 필요한 스타트업뿐만 아니라, 비상장사나 상장사까지도 업종에 관계없이 관심을 보일 이유가 충분히 있다.

오해는 마시라. 그렇다고 RS가 임직원의 충성도와 만족도 향상, 대리인 문제 최소화와 장기기업가치제고를 위한 만병통치약(panacea)라는 말은 아니다. 그저 최근 들어 다른 방법들에 비해 여러 가지 장점이 부각되며 각광을 받고 있는 제도일 뿐이다. 그리고 눈치챘을 지 모르겠으나, 스톡옵션 대비 유연성은 RS 자체의 특징도 있지만, 비교적 신생(?)인지라 법규나 제도적 정비가 아직 덜된 측면도 없지 않다.

RS 제도가 경영 승계에 악용될 가능성은?

그런데 최근 필자의 눈길을 끈 기사가 있었다. 2020년부터 관련 제도를 도입한 한화그룹의 사례와 함께 '양도제한조건부주식보상(RS)'이 재벌

총수 일가 경영승계에 악용될 우려가 있다'는 내용이었다. 이와 함께 의결권 없는 주식을 제외한 발행 주식 총수의 100분의 10 이상의 주식을 가진 주주 등에게 양도제한조건부주식을 부여할 수 없도록 하는 상법 일부 개정법률안, 즉 양도제한조건부주식보상의 경영세습악용 방지법안이 발의되었다는 기사였다.

솔직히 조금 의아했다. RS가 '재벌총수 일가 경영승계에 악용될 우려'가 있다니 말이다. 그간 재벌 2세, 3세에게 경영권을 승계하는 과정에서 온갖 꼼수들이 실제로 있어왔기 때문에, 어떤 움직임이든 일단 '색안경'을 쓰고 보게 되는 것도 이해는 된다. 그런데 RS는 어떤 식으로 악용한다는 걸까? '경영승계에 악용'이라는 표현이 성립하려면, 아버지의 소유 지분을 자식에게 넘기면서 상속세나 증여세 등을 회피하는 등 절세를 넘어서는 탈세의 가능성이 전제되어야 할 것인데, RS에 그런 탈세의 여지가 정말 있는 것일까?

관련 기사의 주장을 요약하면, 최근 재계에 RS가 확산되는 이유로 관련된 법적 규정이 없다는 점이 꼽힌다. 상법상 스톡옵션은 대주주에게는 부여할 수 없고, 발행 주식 수의 10% 이내로 수량이 제한되는 제약 요인이 있는 반면, RS는 부여 대상과 수량에 제한이 없어 오너 일가도 얼마든지 RS를 받을 수 있다. 또한, 스톡옵션은 정관에 반영하고 주주총회 특별결의를 거쳐야 하지만, RS는 이사회 결의가 있으면, 이후 개별 부여 건은 대표이사에게 위임할 수 있는 등 지급 절차도 간소하다. 절세 측면에서도 유리한데, RS를 수령하면 소득세를 내야 하는데, 현행 소득세 최고세율은 45%(지방소득세 포함 시 49.5%)이나, 상속증여세는 경영권 프리미엄 할증까지 감안 시 최대 60%까지 올라간다는 점을 지적한다. 10%의 세율 차이니 결코 작다고 할 순 없겠다.

10년 근무 조건은 회사한테 매우 유리

그런데 ㈜한화(한화솔루션 능도 마찬가지다)의 최근 공시를 찾아보니 10년간의 양도 제한 조건이 걸려 있는 것으로 나와 있다. 보다 자세한 계약 내용은 나와 있지 않아 모르겠으나, 만약 10년 동안 일정한 조건을 충족해야 주식의 소유권이 인정되는 것이라면, 오너 일가 입장에서는 차라리 그냥 지금 현금으로 성과급을 받고, 그 돈으로 지분을 매입하는 것이 낫지 않을까?

그리고 경영권 승계자뿐만 아니라 전문경영인을 포함한 임직원에게도 적용되는 장기적 책임경영과 성과보상 제도의 일환이라면 주주(특히, 소액주주)로서는 10년 제약조건의 RS 제도에 반대할 이유가 적다는 생각이 든다. 앞으로 적어도 10년은 RS를 받은 임직원들과 소액주주는 한 배를 타는 셈 아닌가! 주인에게는 2~3년 단기적 성과와 주가만으로 승부를 보고 회사를 떠나가는 임직원보다는 보다 긴 호흡으로 장기적 기업가치제고를 최우선시하는 진짜 '주인의식'을 가진 임직원들이 필요하다. 과거에도 그랬고, 앞으로도 말이다.

그 어떤 제도든 완전하지는 않을 것이다. RS 관련 법규가 잘 정비되고, 장기기업가치제고를 위한 좋은 도구로 남길 기대한다.

PART 4

외부감사, 세무조사 :
회사의 체질을 바꾸는 단계

외부회계감사 대상이 되면 달라지는 것들

• 에피소드

"회사 규모가 커져서 외부감사 대상이 되면 외부 회계법인이 저희 재무제표를 속속들이 보면서 지적할텐데…, 안 받으면 안 되나요?"

한 해 결산을 마무리하고 주주총회도 성공적으로 마친 A회사. 회사 규모도 계획했던 궤도까지 올라오고 설비장치 구매로 외부로부터 차입은 했지만, 제대로 가동되면서 매출도 상당한 성과를 거두었다. 그런데 회사 결산을 담당하고 있는 기장업체에서 올해부터 회사 규모가 외부감사 대상 기준을 충족하게 되어 외부회계법인으로부터 감사의견을 받아야 된다는 연락을 받았다.

그렇다면, 재무적으로 어떤 요건을 갖추었을 때 외부회계감사 대상이 될까?

• 해설

○ 주식회사의 외부회계감사 대상 요건

주식회사의 경우, 직전년도 기준으로 자산총액 500억 원 이상이거나, 매출액 500억 원 이상인 회사는 무조건 당해년도부터 외부감사를 받아야 한다. 그리고 조건부로 다음의 네 개 요건 중 두 개 이상의 요건을 충족할 경우 외부회계감사 대상이 된다.

· 자산총액 120억 원 이상

· 부채총액이 70억 원 이상

· 매출액 100억 원 이상

· 종업원 100명 이상

○ 외부감사인 선정 시기

직전년도말의 외부회계감사 대상 기준의 충족으로 인해 처음으로 외부 감사 대상이 되는 경우에는 당해년도 사업개시일 이후 4개월 이내에 선정 해야 한다. 최초 연도 이후에는 대형 상장회사(자산총계 2조 이상, 해당 사업연도 개시일 전)를 제외하고는 사업연도 개시일 이후 45일 이내에 선정해야 한다.

또한, 외부회계감사는 회사의 상장여부 및 규모에 따라 감사할 수 있는 회계법인이 정해져 있다. 비상장회사로서 자산총액 5,000억 원 미만이고 금융회사가 아니라면, 회계법인이든 감사반이든 회사가 자유로이 외부감 사인을 정할 수 있다.

구분	회계법인		감사반
	등록회계법인	비등록회계법인	
주권상장법인	감사 가능	감사 불가	감사 불가
대형비상장회사와 금융회사		감사 불가	감사 불가
일반 비상장회사		감사 가능	감사 가능

외부감사계약을 할 때, 감사계약 기간은 주권상장법인이나 대형 비상장회사와 금융회사는 3년이며, 그 외 회사의 경우에는 1년을 계약 기간으로 하면 된다. 즉 일반 비상장회사는 매년 자유롭게 외부감사인을 선임할 수 있다.

외부감사인 선임은 객관적이고 독립적으로 이루어져야 하기 때문에, 감사나 감사위원회가 선임을 해야 한다. 상법상 자본금 10억 원 이상인 회사는 의무적으로 감사를 두어야 하므로 감사 또는 감사위원회가 외부감사인을 선정하면 되나, 자본금 10억 원 미만이라서 감사를 선임하지 않은 회사는 회사의 내부 절차에 따라 직접 선임하면 된다. 한편, 상장을 앞둔 회사의 경우, IPO 직전연도에는 지정감사를 받게 되는 데, 이 경우 금융감독원이 외부감사인을 지정하게 된다.

회사는 외부감사인을 선임한 이후 금융감독원의 '외부감사계약보고시스템'에서 외부감사인 선임 사실을 외부감사계약 체결일로부터 2주 이내에 보고하면 된다. 만약 당해연도 외부감사인이 전년도 감사인과 동일하다면, 외부감사인 선임 보고를 금융감독원에 하지 않아도 된다.

○ 외부감사인의 독립성

회사는 외부감사인과 완전한 독립성을 견지해야 하고 상호 이해상충 관계가 없는 외부감사인과 계약을 체결해야 한다. 이런 사항은 외부감사인이 감사계약 체결 전에 미리 자체적으로 검토하므로 회사가 고려할 사항은 없지만, 외부감사인은 회사의 재무제표를 감사하거나 증명하는 업무를 수행하는 계약을 체결하고 있는 기간 동안에는 동일 회사에 대해서 다음의 업무를 수행할 수 없다(공인회계사법 21조 2항).

· 회사가 재무제표 작성을 감사인에게 요구하는 행위

· 내부감사 업무의 대행

· 재무정보체제의 구축 또는 운영

· 회사의 자산,자본, 그 밖의 권리 등을 매도 또는 매수하기 위한 자산 등에 대한 실사, 재무보고, 가치평가업무와 자산 등의 매도거래 또는 계약의 타당성에 대한 의견을 제시하는 행위

· 회사의 인사 및 조직 등에 관한 지원 업무

· 재무제표에 계상되는 보험충당부채 금액 산출과 관련된 보험계리 업무

· 회사의 민사·형사 소송에 대한 자문 업무

· 자금조달 또는 투자 관련 알선 및 중개 업무

· 중요한 자산의 처분 및 양도, 지배인의 선임 또는 해임 등 경영에 관한

의사결정으로서 임원이나 이에 준하는 직위의 역할에 해당하는 업무

· 그 밖에 재무제표 감사 또는 증명업무와 이해상충의 소지가 있는 것으로 대통령령으로 정하는 업무(현재는 해당 업무가 없음)

○ 외부감사 절차

외부감사계약을 체결하고 난 후, 회사는 외부감사인으로부터 감사에 필요한 요청자료를 받으면, 전산시스템에서 산출되는 자료와 별도로 문서나 증빙 등을 준비해야 하는 사항으로 나누어 회계감사 준비에 들어간다.

외부감사인의 감사 절차는, 사업연도가 1월 1일에서 12월 31일인 비상장회사를 가정하면, 일반적으로 다음과 같은 스케줄로 진행된다.

감사 절차	시기
감사계약 체결	사업연도 개시 후 45일 이내(다만, 초도감사인 경우는 4개월 이내).
감사 계획	감사계약 체결 이후 중간감사 전까지
중간감사(기중감사)	통상 3사분기에 실시됨.
재고실사입회	재고자산이 있는 회사의 경우. 12월 말 또는 익년 1월 초 실시하는 재고자산실사에 입회함.
조회서 발송 및 회수	금융거래조회서, 채권채무거래조회서, 변호사조회서 등. 익년 1월 1일 이후부터 입증감사 전까지 기간에 실시됨
입증감사	가결산 완료 이후 현장감사 위주로 실시됨.
Closing meeting	회계감사 수행 결과에 대해 경영자와 회의 진행.
서면진술 및 날인된 재무제표 수령	경영자가 서명한 서면진술과 회사 인감날인된 최종 재무제표를 수령함.
이사회 보고, 감사보고	

감사 절차	시기
감사보고서 확정 및 제출	정기주주총회 개최 전 1주 전까지 회사에 제출(외부감사법 제23조 제1항)
정기 주주총회	
감사보고서 전자공시	주주총회 이후 2주 이내 외부감사인은 감사보고서를 전자공시해야 함(외부감사법 제23조 제1항)

이처럼 감사 절차는 감사계약 체결일로부터 시작해 정기 주주총회 1주 전까지 이어지는 장기 프로젝트와 유사하게 진행된다.

○ 회계감사 대비 준비사항

일반적인 경우, 회사가 회계감사를 위해 준비해야 할 문서는 다음과 같다.

· 재무제표(재무상태표, (포괄)손익계산서, 자본변동표, 현금흐름표, 제조원가명세서(또는 용역원가명세서 등), 잉여금처분계산서, 합계잔액시산표)

· 계정별 원장, 거래처별 잔액명세서

· 금융기관 거래 내역(약정사항, 질권·담보·현황 등)

· 정관, 각종 규정(퇴직,연차,복리후생 등), 사업자등록증, 법인등기부등본, 주주명부, 임원명부,

· 주주총회의사록, 이사회의사록

· 소송 중인 사항(계정 과목별 상세 내역은 생략)

· 주석사항

○ **대표이사 및 CFO 책임 강화**

회사는 매년 감사보고서에 재무제표에 대한 대표이사·감사의 서명 요구하고 있으며, 이를 허위로 기재할 경우 감사의견에 영향을 미칠 뿐만 아니라 민·형사상 책임도 가능하다.

• 마무리 요약

회계감사는 더 높은 목표를 달성하기 위해서 반드시 거쳐야 할 통과의례라고 여기고 업무 단계별로 철저하게 준비한다.

IR 준비를 위한 실사 체크리스트 :
단순히 숫자만 보지 않는다

• 에피소드

회계감사를 받으면서 외부감사인이 지적한 것들을 하나씩 살펴보니 일리가 있고, 직원들도 한 단계 성장한 느낌이 들어 그리 나쁘진 않았다. 이제 보고받는 숫자에도 신뢰가 가고, 회계 기준을 어떻게 지켜야하는지도 어느 정도 큰 틀에서는 이해가 갔다. 그런데 회사 확장을 위해서는 추가 자금이 필요하지만, 아직은 신용점수가 높지 않아 은행권은 대출이 쉽지 않고, 제2금융권의 대출은 금리 부담이 커서 추가 차입보다는 외부 자본을 받는 것도 필요하다고 생각했다.

그러던 차에 관련 업종 관계자와 논의 중에 펀드에서 회사에 투자하고 싶다는 소식을 접했다. 만나서 이야기해보니 투자 금액이 크지는 않지만, 회사의 업종의 성장성이 좋아 소액 투자를 해보고 싶다는 것이었다.

보다 좋은 조건에서 외부자본을 유치하기 위해서 어떤 준비해야 하는

지 사전에 검토를 하고 싶어졌다. 전문 투자자들이 볼 때, 회사가치가 객관적으로 어느 정도로 평가받고 있는지 궁금하기도 하고, 회사가 시장의 방향대로 제대로 점검받을 기회도 생긴 것 같아 투자자의 제안을 받아들였다.

투자자들이 회사를 볼 때 어떤 관점으로 보고 주로 점검하는 체크포인트가 무엇인지 궁금했다. 요청자료 리스트라고 해서 재무제표와 명세서 이외에도 엄청난 자료를 요청하는데, 어떻게 분석해서 어떤 결과를 내는지도 궁금했다.

• 해설

투자자가 기업에 대해 진행하는 실사(due diligence)는 말 그대로 상당한 주의의무를 다하기 위해서 투자자가 투자 대상 기업에 대해 재무·법률·세무·영업·기술 등 모든 면에서 '합당한 수준의 철저한 조사'를 수행하는 것을 의미한다.

대표적인 재무, 세무, 법률 실사 시 투자자들의 주안점은 다음과 같다.

○ 재무 실사(Financial DD): "이 회사의 성장 스토리는 진짜인가?"

과거 재무제표의 신뢰성, 이익의 질(Quality of Earnings), 비용 구조의 적정성, 현금흐름의 안정성, 그리고 미래 사업계획의 합리성을 검증한다. IR 자료에 제시된 ARR(Annual Recurring Revenue : 연간 반복 수익), MRR(Monthly Recurring Revenue : 월간 반복 수익), LTV(Lifetime Value : 생애가치) 등의 핵심 지표가 회계장부와 일치하는지 숫자를 하나하나 맞춰보는 것이다.

○ 세무 실사(Tax DD): "숨겨진 세금 폭탄은 없는가?"

과거 세무 신고의 적정성을 검토해 '우발부채(Contingent Liability)', 즉 미래에 터질 수 있는 세금 리스크를 찾아낸다. 가지급금, 세액공제 오남용, 수익 인식 오류 등이 주요 타깃이 된다.

○ 법률 실사(Legal DD): "법적인 지뢰밭은 없는가?"

정관, 주주명부, 이사회·주총 의사록 등 기업 지배구조의 적법성부터 스톡옵션 부여 절차, 핵심 기술의 IP(지식재산권) 소유권, 주요 계약서의 독소조항, 진행 중인 소송 등을 검토해 법적 리스크를 식별한다.

각 부문별로 이러한 기업에 대한 실사를 할 때 필요한 체크포인트는 다음과 같다.

부문	체크포인트
재무	재무제표의 회계 기준 및 실사 기준(시가평가) 부합 여부
	금융거래 실재성과 완전성 확인을 위한 금융기관 조회
	외부기관의 공정가치 평가 내용의 객관성과 정확성 확인
	사업계획–예산–실적에 대한 차이 분석
	매출, 제조 원가, 판관비 분석을 통한 영업이익 창출구조 확인
	현금흐름분석을 통한 유동성 관리 현황
판매 및 마케팅	장단기 마케팅 전략과 고객관계관리
	시장점유율 변화 및 경쟁사에 대한 대응
	거래처별·지역별·제품별 판매 현황 및 마진 분석
	주력 상품, 신상품 판매 시장 확보 방안
	거래처별 매출채권의 목표회수기일을 준수 여부 확인
	매출채권의 연체관리 및 대손 발생 가능성 점검
생산 및 구매	원가율 추이, 제품당 생산성, 인당 생산성 점검
	적정 생산 CAPA(생산 능력)와 공정 단계별 효율성 및 가동률 점검
	생산시설, 창고, 저장시설의 노후화 점검
	재고자산의 실재성, 진부화 여부 점검
	공급자와의 거래 안정성 확보
	매입 채무에 대한 지급조건(지급기일, 거래조건 등) 확인
	원재료 물량 확보 및 구매단가의 시세정보 점검
	중대재해보상법 등 산업재해에 대한 사전대응
인사 노무	고용계약 및 임금·보상 제도, 복리후생 제도
	노사 간 소통 관리

부문	체크포인트
세무	업종별, 지역별, 규모별 절세방안 점검
	투자, 연구개발, 고용 등에 대한 소득 및 세엑공제 점검
	세무신고 일정, 세무조사, 특수관계자 거래 등 세무리스크 관리
	이월결손금 및 소급공제 관리
법률	각종 규제기관에 대한 신고 및 등기서류 점검
	특허 기술 유출방지 관리
	영업, 구매, 인사 등 외부계약관리 및 내부 규정관리 점검
	계류 중인 소송관리, 법규 위반에 대한 사전 점검
IT	시스템, 네트워크 정보 보안
	업무 효율화 및 자동화 서비스 현황
연구개발	현재 보유기술의 경쟁 우위 창출 또는 유지

• 마무리 요약

외부 투자자들에게 보여주기 전에 정기적으로 자체 점검해서 회사가 추구하는 전략이 재무, 마케팅, 생산, 법률, 연구개발 등의 각 세부적인 측면에서 균형 있게 이루어지는지 확인하는 시간을 갖자.

스타트업 CFO가 꼭 알아야 할 세무리스크

• **에피소드 : "세무법인에 다 맡겼는데, 왜 책임은 제가 져야 합니까?"**

시리즈 C 투자 유치를 코앞에 둔 스타트업 J사. CFO 김 이사는 갑작스러운 세무조사 통보에도 내심 자신 있었다. 업계 최고 수준의 외부 세무법인과 기장 계약을 맺고, 모든 신고를 위임했기 때문이다.

하지만 세무조사의 결과는 참혹했다. 과거 투자 유치 시 발행했던 RCPS의 부채 평가 누락, R&D 세액공제 과다 신청, 임원 스톡옵션 행사 이익의 근로소득 신고 누락 등 굵직한 문제들이 동시다발적으로 터져 나왔다. 예상 추징 세액만 수억 원에 달했다.

"저희는 세무법인이 시키는 대로 했을 뿐입니다!"라는 김 이사의 항변에, 조사관은 차갑게 말했다.

"세무대리인은 조언을 할 뿐, 신고서에 최종 날인하고 책임을 지는 주체는 법인, 즉 경영진입니다. 세무 리스크 관리는 CFO의 가장 중요한 책무 중 하나입니다."

그 한마디에, 투자 유치의 꿈은 신기루처럼 멀어지고 있었다.

• 해설 : CFO, 세무 리스크 관리의 최종 책임자

스타트업이 성장할수록 CFO의 역할은 단순한 자금 관리를 넘어, 회사의 재무적 안정성을 위협하는 모든 리스크를 통제하는 것으로 확장된다. 그중에서도 세무 리스크는 예측하지 못하는 순간에 회사의 현금 흐름을 마비시키고, 투자자의 신뢰를 무너뜨리는 가장 치명적인 리스크다.

왜 최종 책임은 CFO에게 있는가?

세무대리인은 회사가 제공한 자료를 바탕으로 세법에 맞게 신고를 '대리'하는 조력자일 뿐이다. 회사의 경영 활동과 내부 자료의 완전성에 대해 알지 못한다. 따라서 세금 신고의 주체이자 납세 의무자는 법인이며, 이 법인의 재무를 총괄하는 CFO는 상법상 이사로서 '선량한 관리자의 주의의무(선관주의의무)'에 따라 세무 리스크를 관리할 최종적인 책임을 지게 된다.

○ 스타트업 CFO가 반드시 관리해야 할 5대 세무 리스크

no	리스크 영역	설명
1	자본거래 (RCPS, 스톡옵션)	기업가치(Valuation)와 직결. RCPS의 부채 분류 오류는 재무 건전성을 왜곡하고, 스톡옵션 세무처리는 핵심 인재의 로열티와 직결됨.
2	세액공제·감면의 오남용	'숨겨진 부채(우발부채)'. 부적격 공제·감면은 수년 뒤 가산세와 함께 추징되어, 투자금으로 과거의 세금을 내야 하는 최악의 상황을 초래함.

no	리스크 영역	설명
3	수익 인식의 불일치	성장성의 신뢰도 문제. IR 자료의 매출과 세무상 매출이 다르다면, 회사의 모든 성장 지표와 미래 예측이 거짓이 될 수 있음.
4	대표이사 관련 거래	경영진의 윤리의식과 내부통제 수준을 보여주는 척도. 가지급금, 불분명한 경비 처리는 '회삿돈 = 쌈짓돈'이라는 최악의 신호를 줌.
5	세무대리인에 대한 맹신	CFO의 직무유기. 세무 리스크에 대한 이해 없이 모든 것을 위임하는 것은, CFO 스스로 자신의 핵심 역량을 포기하는 것과 같음.

○ 실무 전략 : CFO를 위한 '세무 리스크 관리 프레임워크'

세무 리스크는 사고가 터진 후 수습하는 것이 아니라, 사전에 예방하고 통제하는 시스템을 갖추는 것이 핵심이다.

1단계 : 위험 식별(Risk Identification)

우리 회사의 비즈니스 모델(SaaS, 플랫폼, 제조 등)과 성장 단계에 맞는 핵심 세무 리스크(앞의 다섯 가지 등)의 우선순위를 정하고, 리스크 관리 대장을 만든다.

2단계 : 내부통제 구축(Internal Control)

식별된 리스크를 예방하기 위한 명확한 정책과 절차를 문서화한다(예: 경비지출 규정, 스톡옵션 관리 규정, R&D 비용 회계처리지침).

3단계 : 정기적 모니터링(Monitoring)

'월간 세무 리뷰 미팅'을 정례화해 CFO, 재무팀, 외부 세무대리인이 주요 이슈를 함께 점검한다. 연말에 한 번 결산하는 대신, 분기별 가결산을 통해 문제를 조기에 발견한다.

4단계 : 이사회 보고(Reporting)

주요 세무 리스크 현황과 대응 방안을 이사회에 정기적으로 보고해서, 경영진 전체가 리스크에 대한 공동 책임을 지도록 한다.

• 실전 체크리스트 : 당신은 유능한 CFO인가?

항목	체크 포인트: 나는 이렇게 답할 수 있는가?
스톡옵션 행사이익	"네, 모든 행사자의 소득을 파악해 원천징수 신고를 완료했고, 과세 특례 신청 현황까지 관리하고 있습니다."
세액공제/감면	"네, R&D와 고용 공제의 중복적용 배제 원칙을 이해하고 있으며, 각 공제의 증빙 서류는 VDR(Virtual Data Room)에 완벽히 구비되어 있습니다."
RCPS/투자 계약	"네, 해당 계약서의 상환권 조항이 재무제표에 미치는 영향을 분석했고, 세무상 배당 처리 이슈도 인지하고 있습니다."
가지급금/접대비	"네, 가지급금의 발생 원인과 회수 계획을 이사회에 보고했으며, 접대비 한도 관리를 위한 내부 규정을 운영 중입니다."
외부 세무대리인	"네, 단순 기장 위임이 아니라, 월간 미팅을 통해 리스크를 함께 논의하고 있으며, 그들의 의견에 대한 최종 판단은 제가 내립니다."

• 마무리 요약

유능한 CFO에게 세무는 '처리해야 할 비용'이 아니라 '관리해야 할 리스크'이자 '활용해야 할 전략'이다. 숫자를 맞추는 것을 넘어, 리스크를 통제하고 그 전략을 이사회와 투자자에게 증명할 때, 비로소 회사의 성장을 이끄는 진정한 파트너가 된다.

세무조사 대응전략 :
"세무조사 나왔는데, 저 잡혀가나요?"

• 에피소드 : "단순 자료 요청이라더니… 이게 세무조사인
가요?"

모바일 중고거래 앱을 운영하는 스타트업 J사. 창업 후 수년간 외부 세무대리인을 통해 성실히 신고해왔다고 믿었는데, 어느 날 세무서로부터 '과세자료 해명 안내' 우편물을 받았다. '단순 자료 제출이겠지'라며 가볍게 생각했다. 하지만 며칠 뒤에는 '세무조사 사전통지서'가 날아왔다.

"조사관 2명이 나와서 지난 3년간의 모든 계약서, 주주총회 의사록, 계좌 내역을 요구하더군요. 저희는 투명하게 운영했는데, 혹시 탈세로 오해받아 형사처벌까지 가는 건 아닌지 밤잠을 설쳤습니다."

J대표는 '세무조사'와 '범죄수사'를 혼동해 극도의 불안감에 시달리고 있었다. 사실 이것은 스타트업이 성장하는 과정에서 겪을 수 있는 통상적인 '정기 세무조사'였다.

• 해설 : 세무조사, '건강검진'인가 '긴급수술'인가?

세무조사는 크게 두 가지로 나뉜다. 대부분의 성실한 기업이 받는 '일반 세무조사'는 종합검진에 가깝고, 악의적인 탈세범을 대상으로 하는 '범칙조사'는 암 수술에 가깝다. 이 둘을 구분하는 것만으로도 불필요한 공포를 절반은 덜어낼 수 있다.

구분	일반 세무조사(종합검진)	범칙조사(응급수술)
목적	신고 내용의 성실성 검증 및 오류 수정	악의적·고의적 조세포탈 행위 적발
근거 법령	국세기본법	조세범처벌법(형사처벌 연계)
조사 대상	정기 선정(성실도 분석), 비정기 선정(탈루 혐의)	명백한 탈루 혐의 + 사기 등 범죄행위가 의심될 때
결과	세금 추징 + 가산세(행정벌)	세금 추징 + 형사고발(벌금형·징역형)
사전 통지	원칙적으로 15일 전 통지 (조사 기간, 범위, 사유 명시)	통지 없이 불시 착수 가능(압수수색 동반)

대부분 스타트업이 받는 것은 '일반 세무조사'다. 범칙조사 전환의 핵심 원인은 '자료 은닉'이나 '허위 제출'이다.

[심화] 왜 우리 회사가 세무조사 대상이 되었을까?

국세청은 국세행정시스템(NTIS)을 통해 기업의 모든 정보를 분석한다. 조사 대상 선정의 주된 이유는 다음과 같다.

· 정기 선정: 일정 기간(통상 4~5년) 동안 조사를 받지 않은 일정 규모 이상의 법인

· 비정기 선정(대부분 여기에 해당):

 - 신고 성실도 분석 : 동종업계 대비 소득률이 현저히 낮거나, 비용 구조가 특이한 경우

 - 구체적 탈루 혐의: 내부 고발, 제3자 자료, 금융정보분석원(FIU) 정보 등으로 탈루 혐의 포착

 - 업종별 기획 점검: 특정 산업(예: IT 플랫폼)의 세무 리스크를 점검하기 위한 일제 조사

• 세무조사 대응, '과정'을 알면 '결과'가 보인다

단계	설명	스타트업의 대응 전략
1. 조사 착수	'세무조사 사전통지서' 수령 후, 약속된 일시에 조사관이 방문해서 시작	즉시 세무대리인에게 통지하고 대응팀 꾸리기. 조사 범위와 기간을 명확히 확인
2. 자료 제출	회계장부, 증빙서류, 계약서, 계좌 내역 등 요구 자료 제출	요구 목록에 있는 자료만 제출. 섣부른 추가 자료 제출은 조사 범위를 넓히는 빌미가 될 수 있음.
3. 소명 및 문답	조사 과정에서 발견된 쟁점에 대해 조사관이 질문하고, 회사는 소명	모든 답변은 세무대리인을 통해서 하는 것이 원칙. 대표의 불필요한 답변은 오해를 낳을 수 있음.
4. 결과 통지	조사가 끝나면, 조사관은 '세무조사 결과 통지서'를 통해 예상되는 과세 내용을 설명	이때가 가장 중요. 쟁점 사항에 대해 논리적으로 반박하고 협의할 마지막 기회
5. (히든카드) 과세 전적부심사	세금 고지서가 나오기 전, 조사 결과에 불복할 경우 30일 이내에 이의를 제기하는 제도	고지서를 받고 싸우는 것보다 훨씬 유리. 세금을 내지 않은 상태에서 다툴 수 있는 매우 중요한 권리
6. 세금 고지	심사 결과가 반영된 최종 '세금고지서' 수령	고지서 수령 후에도 불복 시, 이의신청, 심판청구, 행정소송 등 절차 진행 가능

• 실전 대응 전략: 이것만은 반드시 기억하자

○ 전략 1. '골든타임 15일'을 지배하라

사전통지서 수령 후 조사 착수까지 주어지는 약 15일은 세무조사의 성패를 가르는 가장 중요한 시간이다.

· (D-15) 통지서 수령 즉시 세무대리인에게 공유하고, 조사 대상 기간, 세목, 조사 사유를 명확히 파악한다.

· (D-10) 세무대리인과 함께 자체 모의 세무조사를 실시한다. 예상 쟁점을 도출하고, 가장 취약한 부분(가지급금, R&D 공제 증빙 등)의 방어 논리를 미리 구축한다.

· (D-5) 조사관이 요청할 것이 확실한 기본자료(회계장부, 계약서, 주주명부, 의사록 등)를 미리 준비하고 내부 검토를 마친다.

· (D-1) 조사 대응팀(CFO, 실무자, 세무대리인)의 역할을 분담하고, '조사관 응대 매뉴얼'을 숙지한다.

○ 전략 2. 납세자의 '방패와 갑옷'을 활용하라

국세기본법은 납세자의 권리를 명확히 보장한다. 이 권리를 아는 것이 방어의 시작이다.

· 조력을 받을 권리(제81조의5) : 조사 전 과정에 세무대리인을 동석시켜 모든 커뮤니케이션을 일임할 수 있다. 대표는 말을 아끼고, 모든 답변은 전문가인 '방패' 뒤에서 하라.

· 중복조사 금지 (제81조의4) : 이미 조사가 끝난 동일한 세목과 과세 기간에 대해 다시 조사받을 수 없다.

· 조사권 남용 금지 (제81조의4) : 조사 목적과 무관한 자료 요구, 과도한 사생활 질문 등은 거부할 권리가 있다.

○ 전략 3. '기록 '은 최고의 방어 무기다

'세무조사 대응일지'를 만들자. 날짜별로 조사관의 질문 내용, 요청자료 목록, 제출한 자료, 답변 내용을 꼼꼼히 기록해야 한다. 이 기록은 향후 과세 내용에 불복할 때(과세전적부심사 등), 사실관계를 다투는 가장 결정적인 증거가 될 수 있다.

○ 전략 4. '과세전적부심사'는 최후의 보루다

조사 결과에 억울한 점이 있다면, 세금 고지서가 나오기 전에 이의를 제기하는 '과세전적부심사'를 활용하자. 고지서가 발부된 후에는 불복 절차가 훨씬 복잡하고 어려워진다. 이 단계가 세금을 줄일 수 있는 마지막이자 가장 중요한 기회가 될 수 있다.

• 마무리 요약

세무조사는 피할 수 없는 성장통이지만, 아는 만큼 고통을 줄일 수 있다. '두려움' 대신 '이해', '무대응' 대신 '기록', 그리고 '혼자 대응' 대신 '세무 전문가와의 동행'이 성장의 발목을 잡지 않는 최선의 전략이다.

생소하지 않은 무자본 M&A

얼마 전 이재명 대통령이 한국거래소를 방문해 직원들과 간담회를 하는 뉴스를 봤다. 과거 자신의 투자 실패 경험도 소개하는 등 자유롭게 대화를 나누며 질의와 응답을 하는 모습이었다. 더불어 상법 개정에 대해 강조하고, 실무 현안이나 정책 방향 같은 것들도 함께 논의했다.

그 가운데, 필자의 눈길을 끈 한 대목이 있었다. 한 직원이 무자본 M&A 등 날로 고도화되고 있는 수법의 폐해에 대해 언급하자 이 대통령이 "무자본 M&A 등 신종 수법에 대해 법 위반 요소가 있다면 엄정히 제재하고, 사각지대를 없애야 한다"고 강조하는 부분이었다.

실제로 무자본 M&A의 피해를 본 직간접 경험이 있는 필자로서는 이런 언급만으로도 귀가 솔깃해지는 건 인지상정이리라. 신종수법이라 표현은 했지만, 사실 '무자본 M&A'는 완전히 생소한 현상도 아니다. 2024년 7월, 더불어민주당 강훈식 의원실이 금융감독원으로부터 제출받은

'연도별 무자본 M&A 불공정거래 사건 처리 현황' 자료에 따르면, 최근 5년간(2020년~2024년 5월) 무자본 M&A를 통해 불공정거래에 나섰다가 적발된 '기업사냥꾼'은 143명이나 되었고, 이 중 59명은 과거에도 같은 행위로 적발된 전력이 있었다고 한다. 다시 말해, 이미 우리 자본 시장 내에 상당히 뿌리 깊게 침투한 나쁜 관행이라는 말이다.

실제 경험한 무자본 M&A 사례

최근 사례 하나를 소개한다. 20X1년 X월, 코스닥 상장사 S사는 창업주 지분이 떠난 직후, 무자본 M&A 세력에 인수되었다. A씨를 비롯한 인수자 일당은 자기자금 없이 주식 담보대출로 지분을 확보한 후, 허위 신사업 공시를 통해 주가를 띄운 후 이익을 실현하려 했는데, 주가 부양에 실패하자 반대 매매로 지분을 상실하게 된다.

하지만 여기에서 끝난 것이 아니었다. 경영진은 지분 하나 없는 상황이었지만, 정관의 '초다수결의제(발행 주식 총수의 80% 이상 찬성을 요구하는 결의제)'와 '황금낙하산(엄청난 퇴직금)' 조항을 앞세워 해임을 저지하며 자산 매각, 부실 투자, 특수관계자 간 자금 거래 등으로 회삿돈을 유출하기 시작한 것이다.

보다 못한 소액주주들은 '주주연대모임'을 결성해 주주조합을 모았고, 20% 이상의 지분을 확보해 최대주주 자리에 오른 후 임시주총을 소집해 경영진과 이사와 감사를 해임하려 했다. 하지만 임시주총에서 해임안은 정관상 초다수결의제 요건과 황금낙하산 조항으로 인해 실패한다.

이에 더해, 소액주주들은 회계장부 열람 및 해임요구 가처분·소송 등 법적 대응에도 나섰지만, S사는 20X2년과 20X3년 2년 연속 감사의견 거절, 유상증자 납입 수십 회 연기 등으로 거래소 경고와 벌점 누적으로 상장폐지까지 몰리게 된다. 결국, 경영진은 소액주주들의 법적 공세를 오히려 시간을 벌기 위한 전술로 활용한 셈이었다. 상장폐지가 되고 나면, 소액주주들의 지분은 말 그대로 휴지 조각이 되는 것이다.

이렇듯 무자본 M&A는 실질 자금 없이 외형적으로 경영권을 인수하는 방식의 기업 사냥 수법이다. 주로 코스닥 소형 상장사나 재무적 취약 기업을 대상으로, 차입·우회 투자·(전환)사채 발행 등의 수단을 이용해 지분을 확보하고, 이사 선임과 정관변경 등으로 실질 경영권(통제권)을 확보한다. 그런 후에 기업 자산을 유출하거나 허위공시 등으로 주가를 띄워 차익을 챙기고, 회사를 공중 분해하거나 상장폐지를 유도한 후 도망가는 식의 행태로 전개된다.

그럼 무자본 M&A가 불법이냐 하면, 반드시 그렇게 보기도 어렵다. 실질 목적이야 단기 시세차익·자산 유출이기는 하지만, 표면적으로는 합법적 구조처럼 보인다. 자금 출처가 어떻게 되었든 인수 자체는 자유인 것이고, 여기에 불법 요소가 명확하게 있다고 말하긴 어렵기 때문이다.

불법 여부는 결국 '인수 후 빼먹기' 절차에 달려 있다. 그 과정은 대략 다음과 같은 순서로 진행된다. 먼저, 인수 직후 이사회를 장악하고 정관 등을 변경한다. 정관에 초다수결의, 황금낙하산 등 방어장치를 삽입하는 것이다. 이사회를 장악하고 실질 경영권을 확보하고 나면, 우량한 기업자산의 유출이 시작된다. 헐값으로 자산을 매각하거나, 특수관계자와의 비정상 거래가 활용된다.

그리고 자산 유출과 병행되거나 그 이후 진행되는 것이 허위 공시 및 주가 조작이다. 거액의 수주나 바이오, 2차 전지 등 신사업 진출 같은 호재성 공시로 주가 상승을 유도하고는 일정 시점에서 차익을 실현하려 든다.

마지막은 거덜이 날 대로 나서 껍데기만 남은 회사를 정리하는 단계인데, 고의로 회계감사의견 거절을 유도하거나 반복적 불성실 공시 등으로 스스로 상장 폐지를 유도한다. S사의 경우, A씨 일당은 이러한 단계를 아주 충실히 실천에 옮긴 케이스였다.

상법이 바뀌면 막을 수 있을까

당하는 소액주주 입장에서 보면 황당하고 화가 나지만, 사실 현 제도상으로 이런 행위를 막기에는 역부족인 면이 많다. 그럼, 개정될 상법 하에서는 어떨까? 이를 막을 수 있을까?

몇 가지 규정이 S사의 소액주주들을 위해 활용될 여지가 있다. 우선 눈에 띄는 것이 감사위원 분리선출과 3% 룰이다. 대주주 의결권을 3%로 제한함으로써, 무자본 세력이 감사위원회를 장악하지 못하게 하고 감사의 독립적 기능이 확보된다면, 조기에 회계 투명성이 강화되어 자산 유출이나 의도적 부실에 대한 적시 발견이 가능할 것이다.

정관으로 집중투표제를 배제하지 못하도록 함으로써, 지분이 적은 소액주주도 이사 1인을 선임해 이사회 내부 접근권과 감시권을 확보할 수 있게 하는 집중투표제의 의무화도 소액주주들에게는 큰 무기가 될 수 있다.

여기에 요즘 말 많은 이사의 '주주에 대한 충실의무' 명문화 조항도 있다. 이사의 의무를 '회사'만이 아니라 '회사와 주주 전체'로 확장함으로써, 경영진이 특정 주체에 자산을 유리하게 이전하거나 횡령한 경우, 법적 소송 기반이 강화될 전망이다.

앞에서 소개한 S사는 경영진이 부동산 매각, 부실 투자, 자산 유출 등을 통해 회사에 손해를 끼쳤기에 명백한 불이익 변경 행위로 책임을 추궁받을 수 있었다. 후속 판례만 뒷받침된다면, 손해배상 소송에서도 더 확고한 근거가 될 수 있으리라.

기대되는 '전자주총· 전자투표'

그리고 별것 아닌 것 같지만 무시 못할 영향을 지닐 것으로 예상되는 부분이 바로 '전자주총·전자투표 도입'이다. S사의 소액주주들이 주주조합을 결성하는 과정에서도 그렇고, 임시주총 당시에도 전국에 흩어져 있는 주주들에게 연락을 취하고, 의결권 행사를 유도하는 과정에서 겪은 어려움은 이루 말할 수 없었다. 앞으로는 상법 개정에 따라 참석이 어려워 의결권 행사에 제한을 받았던 주주들도 전자 방식을 통해 실질적 참여로 전환할 수 있게 되는 것이니, 주주권 행사의 질적변화가 예상된다 해도 과언은 아니다.

물론, 상법 개정안만으로는 여전히 충분치 않다. 애당초 인수자의 재무 능력이나 자금 출처를 검증할 수 있는 사전 심사 장치는 없으니, 무자본 M&A의 '사전 방지' 기능은 없는 셈이다. 또한, 정관에 규정된 황금낙하산이나 초다수결 조항은 여전히 유효하기 때문에, 소액주주 입장에서 경영진에 대한 해임 의결이나 위법 행위에 맞서기 위한 소송·가처분 등 법적 대응의 부담은 여전하다.

그럼에도 불구하고, 2025년 상법 개정안은 소액주주의 제도적 권리를 확장하는 상당한 진전임에 틀림없다. 감사위원 3% 룰, 주주에 대한 충실의무 조항, 집중투표제 등은 하나하나 S사와 같은 사례를 막기 위한 칼날이자 방패가 될 것이기 때문이다.

이제는 선언적 제도를 넘어, 구조적이고 실천적인 '소액주주 방어 생태계'를 구축해야 할 때다. 앞으로 실제 법·시행령 개정, 금융당국 내부 절차 수립 등을 통해 해당 정책들이 어떻게 구체화될지 관심이 간다.

제도 개혁의 진정한 효과는 제도와 법, 주주 행동, 금융 감독기구, 기업 문화가 유기적으로 맞물릴 때 드러나는 것 아니겠는가. 개정상법에 대한 반대의견도 상당하다는 건 익히 알지만, 번번이 당하기만 했던 소액주주 입장에서 찬성에 손이 올라가는 것도 어쩔 수가 없다.

공인회계사/세무사 **임방진** (더칼럼니스트, 2025.6.17)

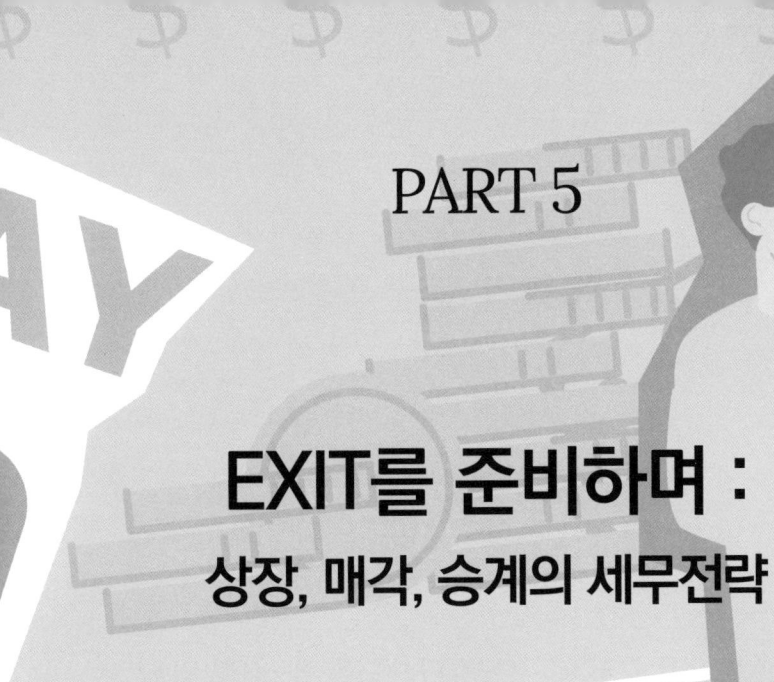

PART 5

EXIT를 준비하며 :
상장, 매각, 승계의 세무전략

법인 M&A :
양수도 vs. 합병·분할의 세금 전략

• 에피소드 : 같은 30억 원 EXIT, 세금은 왜 10억 원 넘게 차이 났을까?

푸드테크 스타트업 K사의 공동창업자 박 대표와 이 대표는 각자 다른 방식으로 EXIT를 진행했다.

박 대표는 보유 지분 전체를 매각 대금 30억 원의 '현금'을 받고 K사에 넘겼다. 그는 30억 원에 대한 양도소득세와 증권거래세 등으로 약 7억 원이 넘는 세금을 즉시 납부해야 했다.

반면, 이 대표는 K사가 대기업에 인수되는 '적격합병' 방식을 택했다. 그는 현금 대신 합병의 대가로 '대기업의 주식'을 받았다. 이 과정에서 그가 당장 낸 세금은 '0원'이었다. 세금 납부가 주식을 실제로 팔 때까지 미뤄진 (과세이연) 것이다. 그는 2년 뒤, 대기업의 주가가 더 올랐을 때 주식을 매도해 더 큰 차익을 남기고 세금을 냈다.

같은 회사를 EXIT했지만, M&A 방식에 대한 이해 차이가 수억 원의 세금과 미래 수익의 크기를 갈라놓은 것이다.

• 해설: M&A, 세금까지 설계해야 진정한 EXIT가 완성된다

M&A는 크게 '자산'을 파는 방식과 '주식(지분)'을 파는 방식으로 나뉘며, 각각의 세금 부담 주체와 규모가 완전히 다르다.

M&A 방식	거래의 본질	누가 세금을 내는가?(1차)	핵심 세무 이슈
1. 영업 양수도	회사가 보유한 사업부, 자산, IP 등을 매각	법인 (판 금액에 대한 법인세)	· 2단계 과세 위험: 법인세 납부 후, 남은 돈을 주주가 가져갈 때 배당소득세 추가 발생 · 사업의 포괄양수도 요건 충족 시 부가가치세 면제 가능
2. 주식 양수도	주주(창업자)가 보유한 주식을 매각	주주 개인 (양도차익에 대한 양도소득세)	· 가장 간단하고 일반적인 EXIT 방식 · 양도소득세율: 중소기업 대주주 20~25%, 소액주주 10% 등 주주 지위 따라 상이
3. 합병·분할	두 개 이상의 회사를 합치거나, 하나의 회사를 쪼갬.	피합병·분할법인 및 주주	· 적격 요건 충족 시, 과세이연 혜택으로 당장의 세금 부담 없이 M&A 가능 · 비적격 시, 법인세 및 주주의 의제배당소득세 발생

○ 세금 전략의 핵심 : '적격합병'과 '적격분할'의 마법

세법은 특정 요건을 충족하는 합병·분할에 대해, M&A 시점에 세금을 매기지 않고 나중으로 미뤄주는 '과세이연' 혜택을 부여한다. 이것이 바로 '적격(Tax-qualified)'합병이다.

○ '적격'으로 인정받기 위한 핵심 요건

구분	적격합병	적격분할
사업 목적성	경영 합리화 목적	경영 합리화 목적
지분 연속성	피합병 주주가 합병 대가의 80% 이상을 주식으로 수령	분할 전 주주가 분할신설법인 주식을 100% 취득
사업 연속성	피합병 법인의 주요 사업 계속 영위	분할된 독립 사업 부문 계속 영위
지분 보유	신주 일정 기간 보유	신주 일정 기간 보유

이 요건들을 충족하면 '양도세', '의제배당', '취득세' 등 대부분의 세금이 이연된다. 단, 요건 미충족 시에는 상당한 세금이 즉시 부과될 수 있다. 그리고 구체적인 요건은 '물적분할'이냐 '인적분할'이냐에 따라 달라지므로, M&A 구조 설계 시 반드시 전문가의 검토를 거쳐야 할 것이다.

• 우리 회사에 맞는 상황별 최적의 M&A 세무전략

EXIT 목표	가장 유리한 방식	세무전략 포인트
빠르게 현금화하고 완전히 떠나고 싶다	주식 양수도	· 절차가 가장 간단하고, 세금 문제도 개인 양도소득세(대주주 20~25%)로 종결됨. · 실사를 통해 우발채무 리스크를 사전에 정리하는 것이 관건
인수 기업의 일부가 되어 함께 성장하고 싶다	적격합병(주식 교환)	· 당장의 세금 없이 더 큰 회사의 주주가 되어 미래의 성과를 공유 · 합병 비율, 적격 요건 충족 여부를 세무·법률 전문가와 함께 치밀하게 설계해야 함.
알짜 사업부는 팔고, 법인은 유지하고 싶다	영업양수도 또는 물적분할 후 지분 매각	· 사업의 포괄양수도를 활용해 부가가치세 부담을 피하는 것이 핵심 · 분할 시 적격분할 요건을 충족해 분할 과정에서의 세금을 이연시키는 것이 중요

• 실전 체크리스트 : 성공적인 M&A를 위한 세무 점검

항목	체크포인트 및 액션 플랜
1. 구조 설계	· M&A의 최종 목표(현금화·성장·사업 정리)를 명확히 하고, 각 방식의 세후 현금 흐름을 시뮬레이션
2. 적격 요건	· 합병·분할 시, 우리 회사가 적격 요건을 충족할 수 있는지 법률·세무 전문가와 함께 사전 검토
3. 주식 가치평가	· 비상장주식 가치평가를 통해, 거래 가격의 적정성을 확보해 추후 발생할 수 있는 증여세 또는 부당행위계산 부인 리스크 등 2차 세무 리스크 방지
4. 사전 세무실사	· 매각 전, 우리 회사의 잠재적 세무 리스크(가지급금, 세액공제 오류 등)를 자체 실사를 통해 먼저 파악하고 해결
5. 계약서 검토	· 최종 계약서의 진술 및 보증, 세금 관련 손해배상조항(Indemnity)을 꼼꼼히 검토해, M&A 이후 발생할 수 있는 세금 책임 소재를 명확화

• 마무리 요약

M&A에서 EXIT의 성패는 '매각 가격(Valuation)'으로 시작해, '세후 수익'으로 완성된다. 최고의 협상은 높은 가격을 받는 것이 아니라, 세금을 예측하고 통제해 최종적으로 내 손에 가장 많은 돈을 남기는 것이다.

개인사업자 → 법인 전환 :
현물출자와 이월과세 전략

• 에피소드

요즘 M대표는 개인사업자에서 법인으로 변신하고자 하는 생각으로 가득 차 있다.

'하루빨리 개인사업자를 때려 치우고 법인으로 사업을 해야겠어.'

M대표가 이렇게 고민하는 이유는 개인사업자로서 사업하는 것의 한계를 체감했기 때문이다. 창업 초기의 어려움을 극복하고 이제 기업의 연매출이 20억 원에 육박, 영업이익도 4~5억 원 정도 나오고 있다. 문제는 종합소득세가 어마어마하게 증가했다는 것이다. M대표는 지난 번 종소세 신고 시 본인의 소득에 적용되는 최고세율이 무려 40%라는 것을 보고 깜짝 놀랐다.

'40%의 세율에 개인지방소득세가 또 4%가 추가되어 무려 44%라니….누가 보면 내가 대기업 회장님인 줄 알겠어. 이래서 다들 세율이 낮은 법인으로 전환하는구나.'

게다가 M대표의 사업은 제조업으로 분류되는데, 연간 매출이 7.5억 원을 초과하게 되면서, 성실신고확인 대상 사업자가 되었다. M대표가 생각하기에는 연간 매출이 이제 겨우 20억 원 정도인데, 성실신고확인 대상자가 되면서부터 종합소득세 신고가 여간 귀찮은 것이 아니었다.

'내 기업이 만약 법인이었다면 아주 소규모 기업에 해당할 것이고, 그러면 성실신고확인 대상 사업자로 취급받지도 않았을텐데…. 탈세하려고 하지도 않는데, 해마다 종합소득세 신고를 하는데 왜 이렇게 귀찮게 하는거야?'

이에 법인 전환 전략을 알아보고자 노련한 회계사를 찾아가서 자문을 구했더니 노련한 회계사는 이렇게 답한다.

"대표님, 이왕이면 절세 효과를 극대화할 수 있는 방법으로 법인 전환 하시지요."

• 해설

○ 왜 법인으로 전환하려고 하는가?

아무래도 개인사업자로 기업을 운영하는 것보다는 법인으로 기업을 운영하는 것이 더 유리하다고 판단한 개인사업자들이 법인 전환을 꿈꾼다. 법인과 개인사업자는 각각 장단점이 있으나 개인사업자의 단점이 커지고 법인의 장점을 활용하고자 할 때 법인 전환을 모색하게 된다. 다음과 같은 이유로 개인사업자들은 법인 전환을 고려하게 된다.

전환 이유	설명
세금 부담 차이 (세율 차이)	현행 소득세율은 6~45%이나 법인세율은 9~24%로서 세율이 낮다. 만약 과세표준이 2~10억 원이라면 소득세율은 38~42%가 적용되나, 법인세율은 19%가 적용된다.
자본 조달, 외부 투자	사업이 발전해 외부 투자를 유치하고자 할 때 개인사업자보다는 법인이 더 유리하다. 또한 법인은 주식이나 채권을 발행할 수 있어서 자본 조달 방법상으로도 유리하다.
성실신고확인 대상자 부담	개인사업자 매출이 증가하게 되면 성실신고확인 대상자가 되어 종합소득세 신고 부담이 증가한다. 그러나 동일한 매출 규모이더라도 법인은 그러한 부담이 없다.
사업 승계	개인사업자보다 법인의 경우가 사업을 자녀에게 승계하기 쉽다. 또한 법인은 가업상속공제와 같은 세제 지원도 있어서 상속세나 증여세 부담도 완화시킬 수 있다.

○ 법인 전환 방식은 어떤 것이 있는가?

개인사업자가 법인으로 전환하는 방식은 크게 다음과 같이 나뉜다.

전환 방식	설명
사업양수도 (포괄양수도) 법인 전환	· 개인사업자의 모든 권리와 의무를 법인에 양도하는 방식 · 양도차익 과세(양도소득세)와 자산 이전비용 발생 가능함. · 다른 법인 전환보다 덜 복잡함. · 특히 조세특례제한법상 요건을 충족한 '세감면 사업양수도' 방식으로 전환하면 양도소득세 이월과세 및 취득세 감면을 적용받을 수 있음.
현물출자 법인 전환	· 사업용 고정자산(유형자산과 무형자산)을 현물출자해 법인을 설립하는 방식 · (설립자본금 납입을 위해) 개인사업자가 현금을 준비하지 않아도 법인 설립이 가능 · 사업용 고정자산을 감정해 법인 자본금으로 출자하는 방식이므로 사업용 고정자산의 감정가치가 높을 때 법인 전환하면, 현금출자 없이 법인의 자본금을 크게 마련하게 됨.
중소기업 통합 법인 전환	· 중소기업들이 통합해 하나의 법인으로 전환하는 방식 · 개인 + 개인, 개인 + 법인, 법인 + 법인 등 다양한 방식 · 소규모 중소기업들이 통합해 하나의 법인이 되어 규모의 경제 확보, 경쟁력 강화 등 시너지 효과를 도모할 수 있음.

이외에도 개인사업자의 자산과 부채를 신설 법인에(자산·부채의 포괄양수도가 아닌 방법으로) 양수도해 법인으로 전환하는 방식이 있을 수 있으나 이러한 경우, 자산 양도에 대해 부가가치세가 과세되거나 조세특례제한법상 양도소득세 이월과세 혜택을 적용받지 못하고 취득세 감면 혜택도 적용받지 못하게 되므로 가급적이면 세제 지원을 얻을 수 있는 전환 방식이 나을 것이다.

○ 양도소득세 이월과세가 뭔가요?

법인과 달리 개인의 경우, 양도소득세 대상 자산[25]을 양도하면 양도소득세를 납부한다. 양도소득세 이월과세라는 것은, 양도소득세 납부 시점을 차기 이후로 이월시켜주는 것이다.

좀 더 구체적으로 이월과세를 알아보자. 개인사업자가 법인 전환을 할 때, 개인사업자가 가진 양도소득세 대상 자산이 신설법인의 자산으로 변경된다. 이것은 개인의 자산이 법인의 자산으로 변경되므로 '자산 양도'에 해당한다. 현물출자 역시 소득세법에서는 자산을 '양도'한 것으로 간주한다. 그러할 경우, 개인사업자는 양도소득세 신고를 하고 양도소득세를 납부하게 된다.

그런데 양도소득세 이월과세 혜택이란 것은, 개인사업자가 법인으로

---

[25] 소득세법에서는 양도소득세 대상 자산을 열거하고 있는데 부동산, 부동산에 관한 권리, 주식이나 출자지분, 신주인수권 등이 그에 해당한다. 이 자산을 양도해 양도차익이 발생하면 양도소득세가 부과된다.

전환할 때 발생하는 양도소득세 납부 시점을 미래로 연기해 추후 법인이 당해 사업용 고정자산을 양도한 날이 속하는 사업연도에 (양도소득세가 아닌) 법인세로 납부하도록 하는 것이다. 예를 들어, 개인사업자가 법인으로 전환했고 전환 당시 양도소득세를 당장 납부했어야 할 금액을 추후 법인이 양도한 시점[26]에 납부할 수 있는 것이다. 양도소득세와 관련된 세금으로서, 양도소득분 개인지방소득세 역시 이월과세될 수 있다. 이월과세 혜택을 적용받기 위해서는 조세특례제한법(이하 '조특법'이라 함)에서 요구하는 요건을 충족해야 하는데, 이는 후술하겠다.

○ 현물출자 법인 전환 시 조세 지원 요건

개인사업자가 사업용 고정자산을 가지고 사업하는 경우 현물출자 방식으로 법인 전환하면 유리한 점이 있다. 다만, 조특법상 요건을 갖추어야 세제 혜택을 받을 수 있으므로 이에 주의해야 한다. 다음은 현물출자 법인 전환의 장단점이다.

---

[26] 신설법인의 설립등기일로부터 5년이 지난 후에 양도해야 양도소득세 이월과세 혜택이 적용된다. 즉, 법인 설립 후 5년은 대상 자산을 활용해 사업을 유지해야 한다라는 뜻이다.

장점	단점
현금출자가 없어서 자금부담이 완화된다.	복잡한 절차를 거쳐야 하고, 현물출자는 상법상 변태설립사항이므로 법원의 검사 등 엄격한 절차가 있다.
조특법 요건을 충족하면 조세 지원이 있다.	시간이 오래 걸리며, 각종 수수료(회계감사 수수료, 감정평가 수수료, 세무대리 수수료 등)가 발생한다.

조특법에서 규정한 소정의 요건을 충족해 현물출자 방식으로 법인 전환 시 얻을 수 있는 조세 지원은 다음과 같다.

조세 지원	설명
양도소득세 이월과세	개인사업자가 납부해야 할 양도소득세와 양도소득분 개인지방소득세를 이월과세함.
취득세 경감	법인 전환으로 취득하는 사업용 자산에 대한 취득세를 50% 경감함. 단, 2020.8.12일 이후 부동산 임대업 및 공급업의 현물출자에 의한 사업용고정자산의 취득에 대해서는 경감 혜택 없음. 다만 취득세 관련 농어촌특별세는 부과됨.
개인기업의 조세감면 승계	조특법 제144조의 미공제세액의 승계(주1), 창업중소기업 및 창업벤처중소기업 등에 대한 조세감면 승계 등
국민주택채권 매입 면제	중소기업을 경영하는 자가 당해 사업에 1년 이상 사용한 사업용자산을 현물출자해 법인을 설립하고, 자본금이 종전 사업장의 평균순자산가액 이상인 경우

(주1) 조특법 제144조는 세액공제액의 이월공제를 규정하고 있다. 즉, 개인사업자가 법인 전환 이전에, 세액공제(예: 통합고용세액공제, 연구·인력개발비에 대한 세액공제 등)를 신청했으나 납부할 세액이 없어서 세액공제 혜택을 받지 못하고 차기 이후로 이월시킨 경우가 있을 수 있다. 세액공제는 향후 10년간 이월되기 때문이다. 이렇게 과거 사용하지 못하고 이월시킨 미공제 세액공제가 개인기업에 남아 있을 경우, 법인 전환 후 신설법인으로 동 세액공제가 승계된다는 뜻이다.

현물출자 법인 전환 시 조세 지원을 받기 위한 요건은 다음과 같다.

· 거주자가 소비성 서비스업 이외의 사업을 경영하는 법인으로 전환해야 한다.

· 법인 설립등기 전에, 전환 전의 개인사업자가 발기인으로서 현물출자를 이행해야 한다.

· 개인사업자의 사업용 고정자산(유형자산, 무형자산)을 현물출자해야 한다. 다만, 업무무관부동산 등 사업과 무관한 고정자산은 제외된다. 한편, 2021년 1월 1일 이후 현물출자에 의한 법인 전환 시 해당 사업용 고정자산이 주택이거나 주택을 취득할 수 있는 권리인 경우도 제외된다(조특법 32조 1항 단서).

· 현물출자에 의한 법인 전환 시 조세 지원을 받기 위해서는 신설 법인의 자본금이 법인으로 전환하는 사업장의 순자산가액 이상이어야 한다.

· 현물출자를 한 날이 속하는 과세연도의 과세표준신고 시(예정신고 포함) 새로 설립되는 법인과 함께 양도소득세 이월과세적용 신청서를 납세지 관할 세무서장에게 제출해야 한다. 법인 전환 후 첫 번째 과세연도에 신청서를 제때에 제출하지 않으면 양도소득세 이월과세는 적용되지 않는다.

이와 같은 조세 지원을 받은 후 지켜야 할 사후 관리 요건은 다음과 같다.

· 법인 설립등기일로부터 5년 이내에 다음 사유가 발생한 경우, 개인기업주가 이월과세액을 양도소득세[27]로 납부해야 한다.

- 동 법인이 개인기업주로부터 승계받은 사업을 폐지하거나

- 현물출자로 법인 전환한 개인기업주가 법인 전환으로부터 취득한
주식 또는 출자지분의 50% 이상을 처분한 경우

· 취득세의 경감 후 5년 이내에 다음 사유가 발생하면 감면받은 세액
을 추징한다.

- 해당 사업을 폐업하는 경우

- 해당 자산을 처분(임대 포함)하는 경우

- 법인 전환으로 취득한 주식을 처분하는 경우

○ 우리 기업은 사업용 고정자산이 별로 없는 사업장인데요?

앞에서는 개인기업 사업장에 사업용 고정자산이 있어 이를 현물출자
해 법인을 설립하는 경우, 조세감면을 받을 수 있는 법인 전환 방식에 대
해 알아보았다. 그런데 사업용 고정자산이 거의 없는 경우에는 복잡하고
시간도 많이 걸리는 현물출자 법인 전환 방식을 따를 이유가 없다. 이러
한 경우, 사업양수도(포괄양수도) 법인 전환 방법을 고려하되 가급적이면 조
세 지원을 받는 세 감면 사업양수도에 의한 법인 전환 방식(이하 '세 감면 사
업양수도 법인 전환'이라 함)을 따르면 좋다.

세 감면 사업양수도 법인 전환 방식은 현물출자에 의한 법인 전환에

---

27 이와 함께 양도소득분 개인지방소득세도 개인사업주가 지자체에 납부해야 한다. .

비해 덜 복잡하고 법인 전환에 소요되는 시간이 비교적 짧은 반면 조세 지원 효과는 다소 줄어든다. 법인 전환 시 조세 지원도 현물출자에 의한 법인 전환과 동일하나, 국민주택채권 매입 의무가 면제되지 않는다는 점에서 차이가 있다.

그리고 조세 지원을 받기 위한 요건도 현물출자에 의한 법인 전환과 유사하나 다음 사항에서 차이가 있다.

구분	현물출자 방식	세 감면 사업양수도 방식
신설법인 자본금	· 신설법인의 자본금이, 법인으로 전환하는 사업장의 순자산평가액 이상이어야 한다. · 법인의 자본금은 개인기업주의 현물출자액뿐만 아니라 개인기업주의 현금출자 또는 타 주주의 출자액을 포함한다.	· 신설법인의 자본금이, 법인으로 전환하는 사업장의 순자산평가액 이상이어야 한다. · 개인기업주 본인이 출자한 금액은 전환하는 개인기업의 순자산평가액 이상이어야 한다.

즉, 세 감면 사업양수도에 의한 법인 전환에서는 개인기업주가 출자한 금액이 전환 대상 개인기업의 순자산평가액 이상이어야 한다. 다만, 현물출자 방식과 다르게 개인 기업주의 출자액만을 가지고 이를 판단하고 있다.

○ 그렇다면, 언제쯤 법인 전환을 고려하는 것이 좋을까?

개인사업을 법인으로 전환하는 준비 시점은 앞에서 설명한 바와 같이, 법인 전환을 고려하는 이유와 밀접하게 연결되어 있다.

전환 이유	전환 준비 시점
세금 부담 차이 (세율 차이)	개인기업의 순이익이 커져서 법인인 경우와 비교 시 세금 차이가 중요해지는 시점
자본 조달, 외부 투자	사업이 발전하거나 신제품 또는 신기술 개발에 성공해, 거액의 외부 투자를 유치해야 할 경우
성실신고확인 대상자 부담	개인사업자 매출이 증가해 성실신고확인 대상자가 되기 직전, 성실신고확인 대상 개인사업자가 법인으로 전환한 후, 법인의 사업연도 종료일 현재 3년 이내이면 그 법인도 그 사업연도까지는 성실신고대상 법인이기 때문
사업 승계	개인사업자보다 사업을 자녀에게 승계하고자 하는 경우

• 마무리 요약

사업의 성장을 위해 법인으로 전환하는 것은 훌륭한 전략이며, 충분한 사전검토가 필요한 프로젝트라고 한다. 이를 위해 법인 전환을 위한 최적 시점을 잘 선정하고, 법인 전환 후 사후관리까지 철저한 연구를 해서 사업 도약의 발판으로 삼기를 바란다.

창업자금 증여세 특례 :
10억 원 세금을 0원으로

• 에피소드

어릴 적부터 빵을 좋아했던 나창업 대표는 청소년 시절부터 '베이커리 사장이 되겠다'라는 꿈을 가지고 오랫동안 제빵기술을 연마해왔다. 나름 유명한 제빵·제과학원에 다니며 실력을 키워왔고, 이제 드디어 자신만의 베이커리 사업을 창업하려고 한다. 다만 베이커리 창업을 하려면 사업장도 임차하고 제빵 및 제과 관련 고급 기계와 다양한 비품을 구입해야 하므로 창업자금이 제법 소요된다. 하지만 현재 나창업 대표의 통장 잔고만으로는 충분하지 않아 차입할 곳을 물색 중이었다. 다행히 이러한 어려움을 간파한 나창업 대표의 부친께서 5억 원의 자금을 창업자금명목으로 증여하신다고 하셨다.

그런데 나창업 대표의 친구가 "아버지로부터 5억 원을 증여받으면 너는 증여세를 엄청 내야 할거야"라고 말하자, 나창업 대표는 직접 증여세 계산식을 검색해보았다. 검색 결과, 직계존속으로부터 자녀가 증여받는 경우 증여재산공제액은 겨우 5,000만 원에 불과했고, 증여세율은 1억 원까지는 10%, 1억 원 초과~5억 원까지 20%였다. 대충 계산해보니 납부해야 할 증여세는 무려 8,000만 원. 이 규모에 놀란 나창업 대표는 어떻게 증여세 문제를 대처해야 하는지, 노련한 회계사에게 문의했다. 그런데 노련한 회계사의 답변은 너무나 놀라운 것이었다.

노련한 회계사 왈, "나창업 사장님이 납부할 증여세액은 없습니다."

• 해설

창업자금에 대한 증여세 과세특례는 고령화 시대에 접어든 한국 사회에서 젊은 세대로의 부의 조기이전을 촉진해 경제 활력의 증진을 도모하기 위해 도입되었다.

○ 창업자금에 대한 증여세 과세특례 개요

그야말로 대박이다. 이제부터 관련 법규를 하나씩 알아보자. 조세특례제한법(이하 '조특법'이라 함) 제30조의5에는 창업자금에 대한 증여세 과세특례가 규정되어 있다. 말 그대로 창업자금에 대해서는 일반적인 증여세 과세 대신, 파격적으로 세 부담을 낮춰주는 특례다.

먼저, 이 과세특례를 받기 위한 요건을 하나씩 알아보자.

요건 1	증여받는 자('수증자')는 18세 이상인 거주자이어야 한다.
요건 2	중소기업을 창업할 목적으로 증여받아야 한다.
요건 3	증여하는 자('증여자')는 60세 이상의 부모(*)이어야 한다. (*) 증여 당시 부모가 사망한 경우에는 그 사망한 아버지나 어머니의 부모를 포함함.
요건 4	증여받는 날로부터 2년 내 창업
요건 5	수증자는 증여받은 날로부터 4년 이내에 증여받은 창업자금을 모두 해당 목적에 사용해야 한다.
요건 6	수증자는 증여받은 창업자금에 대한 사용명세를 관할 세무서에 제출해야 한다.
요건 7	과세특례를 받으려는 자는 증여세과세표준 신고 기한까지 창업자금 특례 신청을 해야 한다.

위와 같은 요건을 충족할 경우, 창업자금에 대한 증여세 과세특례는 다음과 같다.

· 증여재산공제액: 5억 원. 증여재산공제액이라는 것은, 증여세를 과세하기 위한 과세표준 금액에서 차감해주는 금액을 말한다. 즉, 공제액만큼은 증여세를 과세하지 않겠다라는 뜻이다.

· 증여세율: 10% 단일세율 적용

· 증여세 과세가액 50억 원(창업을 통해 10명 이상을 신규 고용한 경우에는 100억 원)을 한도로 해서 과세특례 적용

나창업 대표가 부친으로부터 5억 원을 증여받아 창업자금으로 사용할 경우, 납부할 증여세를 과세특례가 적용되지 않을 경우와 비교하면 다음과 같다.

구분	과세특례를 적용하지 않는 경우	과세특례를 적용받는 경우
증여받은 창업자금	5억 원	5억 원
증여재산공제	0.5억 원	5억 원
증여세 과세표준	4.5억 원	0원
세율	1억 원 이하까지 10%, 1억 원 초과~5억 원 이하 20%	
증여세 산출세액	0.8억 원	0원

즉, 나창업 대표가 과세특례를 적용받는 경우, 그렇지 않은 경우에 비해, 8,000만 원의 증여세를 절감할 수 있는 것이다. 국가에서는 창업을 활성화하기 위해 이러한 특례를 조특법에 이미 규정하고 있었던 것이다. 이러한 과세특례를 적용받기 위한 조건들을 조금 더 상세하게 공부해보자.

○ 중소기업이라고 해서 모두 다 과세특례가 적용되는 것이 아니다

[요건] 중소기업을 창업할 목적으로 증여받아야 한다

조특법을 조금 더 살펴보면, 본 과세특례는 '조특법 제6조제3항 각 호에 따른 업종을 영위하는 중소기업'을 창업할 목적으로 증여하는 경우에 적용한다. 여기서 '조특법 제6조 제3항 각 호에 따른 업종을 영위하는 중소기업'이란 다음과 같다.

제6조【창업중소기업 등에 대한 세액감면】

③ 창업중소기업과 창업벤처중소기업의 범위는 다음 각 호의 업종을 경영하는 중소기업으로 한다. 〈개정 2019.12.31, 2021.8.17, 2024.12.31〉

1. 광업
2. 제조업(제조업과 유사한 사업으로서 대통령령으로 정하는 사업을 포함한다. 이하 같다)
3. 수도, 하수 및 폐기물 처리, 원료 재생업
4. 건설업
5. 통신판매업
6. 대통령령으로 정하는 물류산업(이하 '물류산업'이라 한다)
7. 음식점업
8. 정보통신업. 다만, 다음 각 목의 어느 하나에 해당하는 업종은 제외한다.
   가. 비디오물 감상실 운영업
   나. 뉴스제공업
   다. 가상자산 매매 및 중개업
9. 금융 및 보험업 중 대통령령으로 정하는 정보통신을 활용하여 금융서비스를 제공하는 업종
10. 전문, 과학 및 기술 서비스업[대통령령으로 정하는 엔지니어링사업(이하 "엔지니어링사업"이라 한다)을 포함한다]. 다만, 다음 각 목의 어느 하나에 해당하는 업종은 제외한다.
    가. 변호사업
    나. 변리사업
    다. 법무사업
    라. 공인회계사업
    마. 세무사업

바. 수의업

사. '행정사법' 제14조에 따라 설치된 사무소를 운영하는 사업

아. '건축사법' 제23조에 따라 신고된 건축사사무소를 운영하는 사업

11. 사업시설 관리, 사업 지원 및 임대 서비스업 중 다음 각 목의 어느 하나에 해당하는 업종

가. 사업시설 관리 및 조경 서비스업

나. 사업 지원 서비스업(고용 알선업 및 인력 공급업은 농업노동자 공급업을 포함한다)

12. 사회복지 서비스업

13. 예술, 스포츠 및 여가관련 서비스업. 다만, 다음 각 목의 어느 하나에 해당하는 업종은 제외한다.

가. 자영예술가

나. 오락장 운영업

다. 수상오락 서비스업

라. 사행시설 관리 및 운영업

마. 그 외 기타 오락관련 서비스업

14. 협회 및 단체, 수리 및 기타 개인 서비스업 중 다음 각 목의 어느 하나에 해당하는 업종

가. 개인 및 소비용품 수리업

나. 이용 및 미용업

15. '학원의 설립·운영 및 과외교습에 관한 법률'에 따른 직업기술 분야를 교습하는 학원을 운영하는 사업 또는 '국민 평생 직업능력 개발법'에 따른 직업능력개발훈련시설을 운영하는 사업(직업능력개발훈련을 주된 사업으로 하는 경우로 한정한다)

16. '관광진흥법'에 따른 관광숙박업, 국제회의업, 유원시설업 및 대통령령으로 정하는 관광객 이용시설업

17. '노인복지법'에 따른 노인복지시설을 운영하는 사업

18. '전시산업발전법'에 따른 전시산업

그러므로 내가 창업하고자 하는 업종이 위 조특법 제6조 제3항에 열거된 업종에 해당해야 과세특례를 적용받는다.

○ '2년 이내'에 창업해야 한다

[요건] 창업자금을 증여받은 날로부터 2년 이내 창업해야 한다

여기서 '창업'이란 무엇일까? 이와 관련해 조특법 시행령에서는 납세지 관할 세무서장에게 등록하는 것이라 말한다(조특법 시행령 제27조의5 제3항). 즉, 창업한다는 것은 '사업자등록을 하는 것'을 의미하는 것이다.

추가적으로 사업을 확장하는 경우로서 사업용 자산을 취득하거나 확장한 사업장의 임차보증금 및 임차료를 지급하는 경우도 '창업'으로 간주한다(조특법 시행령 제27조의5 제3항). 이를 요약하자면, 부모로부터 증여받은 창업자금에 대해 증여세 과세특례를 받기 위해서는, 증여받은 날로부터 2년 이내에 창업해야 하고, 증여받은 날로부터 4년 이내 창업자금을 모두 해당 목적에 맞게 사용해야 하는데, 최초 창업자금을 일부 증여받은 후 추가적으로 사업 확장 목적으로 증여를 받아도 창업한 것으로 간주되어 과세특례를 적용받을 수 있다.

○ 창업자금 사용명세를 작성해 이를 제때에 세무서에 제출하자

[요건] 창업자금을 증여받은 자가 창업하는 경우에는 창업자금 사용명세(증여받은 창업자금이 50억 원을 초과하는 경우에는 고용명세를 포함한다)를 증여세 납

세지 관할 세무서장에게 제출해야 한다

국가에서 창업자금에 대한 증여세를 과세특례해주는 것은 창업 활성화를 통해 국가 경제 발전을 도모하는 것이다. 이를 위해 창업자는 관할 세무서장에게 창업자금 사용명세를 제출해야 한다. 구체적으로 다음과 같은 때에 사용명세를 제출해야 한다.

1. 창업일이 속하는 달의 다음 달 말일

2. 창업일이 속하는 과세연도부터 4년 이내의 과세연도(창업자금을 모두 사용한 경우에는 그 날이 속하는 과세연도)까지 매 과세연도의 과세표준 신고 기한

만약 창업자금 사용명세를 제출하지 않거나 제출된 창업자금 사용명세가 분명하지 않은 경우에는 그 미제출분 또는 불분명한 부분의 금액에 1,000분의 3을 곱해 산출한 금액을 창업자금 사용명세서 미제출 가산세로 납부해야 하는 불이익이 있다.

창업자금 사용명세서 미제출 가산세 = 미제출분 · 불분명한 분의 금액X(3/1,000)

그러므로 다행스럽게도 부모님으로부터 창업자금의 일부를 증여받을 수 있는 상황에서 창업을 꿈꾸는 자는 창업자금에 대한 증여세 과세특례 제도를 면밀히 검토한 후 창업한다면, 증여세를 상당히 절감할 수 있게 되어 창업 초기에 큰 세제 혜택을 받을 수 있을 것이다.

○ 창업자금 특례 신청을 제때 하자

창업자금에 대한 증여세 과세특례를 적용받고자 하는 자는 증여세과세표준 신고 기한까지 창업자금 특례 신청을 해야 한다. 만약 그 신고 기한까지 신청을 하지 않으면 본 과세특례는 적용받을 수 없는 것이므로 이를 놓치지 말아야 한다. 여기서 잠깐! 증여세과세표준 신고 기한은 증여받은 날이 속하는 달의 말일로부터 3개월이다.

• 마무리 요약

이왕 증여받을 자금이라면 창업자금에 대한 증여세 과세특례라는 커다란 세제 혜택도 받고, 이를 잘 활용해 기업을 키우고 국가 경제 활성화에도 이바지하자.

벤처기업 EXIT, 세금 혜택 총정리

• 에피소드 : 100억 원 EXIT, 두 창업자의 서로 다른 세금계산서

AI 기반 솔루션 스타트업 A사의 공동창업자 김 대표와 박 대표. 10년 만에 회사를 각각 100억 원에 매각하는 데 성공했지만, 그들의 세금계산 서는 달랐다.

• 김 대표 : 창업 초기부터 '벤처기업 확인'을 꾸준히 유지했고, 매각 협상 단계부터 '기술혁신형 M&A' 요건에 맞춰 매수기업의 사후 R&D 투자 계획까지 조율했다. 그 결과, 양도소득세 50% 감면 혜택을 받아 약 12억 원의 세금만 납부했다.

• 박 대표 : 벤처기업 확인의 중요성을 간과했고, 단순 지분 양도로 EXIT했다. 그는 100억 원에 대해 대주주 양도소득세율 25%(지방소득세 포함 시 27.5%)를 적용받아 약 27억 원의 세금을 납부해야 했다.

김 대표는 말했다.

"벤처기업 확인서 한 장이 아니라, 그 확인서를 받기 위해 유지했던 혁신과, EXIT 구조를 설계한 전략이 제 통장에 15억 원을 더 남겨주었습니다."

• 해설 : '세금 없는 EXIT'는 신화, '세금 최소화 EXIT'는 전략

안타깝게도, 창업자가 단지 벤처기업 주식을 오래 보유했다는 이유만으로 수십, 수백억 원의 양도 차익 전체를 비과세받는 제도는 현재 세법에 존재하지 않는다. 이는 투자자에게 주어지는 혜택을 오해한 것이다.

하지만 '벤처기업'이라는 자격은 창업자 본인과 투자자, 핵심 팀원 모두에게 각기 다른 강력한 세제 혜택을 제공해 성공적인 EXIT의 확률을 높이고 그 과실을 극대화하는 가장 중요한 열쇠를 제공한다.

○ 벤처기업 EXIT, 누가 어떤 혜택을 받는가?

혜택의 주체	벤처기업 핵심 세제 혜택	창업자에게 미치는 영향
투자자 (엔젤, VC)	· 엔젤 투자 소득공제(투자금의 최대 100%) · 주식 양도소득세 비과세(일정 요건 충족 시)	(투자 유치 성공률 증가) 투자자에게 강력한 세금 인센티브를 제공해, 초기 및 후속 투자 유치를 훨씬 더 용이하게 만듦.
핵심 팀원 (임직원)	· 스톡옵션 행사 시 파격적인 과세특례 (연 2억 원까지 비과세, 분할납부, 양도소득세 전환 등)	(핵심인재 확보 및 유지) 세금 부담 없는 스톡옵션으로 우수 인재를 유치하고, EXIT까지 함께 할 동기를 부여함.
창업자 (본인)	· (간접 혜택) 원활한 투자 유치와 팀 빌딩을 통해 기업가치 극대화 · (직접 혜택) 아래의 특정 조건을 충족하는 M&A 시, 양도소득세 감면	(EXIT 성공 확률 및 수익 극대화) 성공의 기반을 다지고, EXIT 시점에는 세금 부담을 직접적으로 줄임.

[심화] 창업자를 위한 히든카드, '기술혁신형 M&A 세액공제'(조특법 §12의4)

창업자 본인이 EXIT 과정에서 직접적으로 누릴 수 있는 가장 강력한 혜택이다.

구분	충족 조건	전략 포인트
1. 피인수기업	매각하는 회사가 벤처기업 등 기술우수 중소기업일 것	EXIT 계획이 있다면, '벤처기업 확인'은 만료되지 않도록 반드시 유지해야 함.
2. 인수기업	특수관계인이 아닌 다른 내국법인	사전에 인수 후보 기업과의 특수관계 여부(지분 관계 등)를 반드시 검토
3. 거래 대가	총 매각 대가 중 현금 비중이 50%를 초과할 것	주식 교환 방식의 M&A에는 적용되기 어려움.
4. 인수 목적	'기술혁신'을 위한 M&A일 것	가장 중요하고 입증이 어려움.

혜택 1: 위 요건 충족 시, 창업자의 주식 양도소득세 50% 감면
혜택 2: 감면받은 창업자가 매각 대금으로 3년 내 다른 벤처기업 등에 재투자하면, 그 재투자 금액에 대해서는 양도소득세 100% 면제

• 실전 체크리스트 : 세금 최소화 EXIT를 위한 최종 점검

단계	체크포인트 및 액션 플랜
1. 사전 준비	· '벤처기업 확인'을 창업 초기부터 꾸준히 유지하고 있는가? · 우리 회사의 기술이 '기술혁신형 M&A'의 대상이 될 수 있는지 사전 검토
2. 투자 유치	· IR 과정에서 투자자에게 주어지는 소득공제 및 양도세 비과세 혜택을 명확히 설명해 투자 매력도를 높이고 있는가?
3. 팀 관리	· 핵심 인력에게 벤처기업 스톡옵션 과세특례를 활용해 옵션을 부여하고, 세금 문제를 명확히 안내하고 있는가?

단계	체크포인트 및 액션 플랜
4. M&A 협상	· M&A 구조를 설계할 때, '기술혁신형 M&A' 요건을 충족하는 방향으로 협상을 진행하고 있는가?(예: 현금 대가 비중 등)
5. 신고	· 양도소득세 신고 시, 감면 요건을 충족했다면 '세액감면 신청서'를 누락 없이 제출했는가?

• 마무리 요약

'세금 없는 EXIT'라는 신화는 없지만, '벤처기업'이라는 플랫폼을 통해 창업자, 투자자, 팀원 모두의 세금을 최소화하는 '전략적인 EXIT'는 분명히 존재한다. 최고의 EXIT는 가장 높은 가격에 파는 것이 아니라, 모든 구성원이 가장 많이 웃으며 떠나는 것이다.

상속·증여세를 줄이는 중장기 플랜

- 에피소드 : "아버지가 평생 일군 회사인데, 상속세가 30
  억 원입니다."

H대표는 바이오 벤처기업의 2세 경영인이다. 그러나 갑작스럽게 부친이 세상을 떠나면서 상속 절차를 밟게 되었다. 그가 물려받은 비상장 주식의 상속 시점 평가액은 70억 원, 이에 대한 상속세 고지액만 무려 30억 원이었다.

"회사를 지키려면, 회사 지분을 팔아야 하는 이 모순적인 상황을 어떻게 해야 합니까…"

H대표는 뒤늦게 땅을 치며 후회했다.

"만약 10년 전, 회사 가치가 10억 원일 때 아버지가 저에게 2억 원어치 주식만이라도 미리 증여하셨다면 어땠을까요? 그때 냈을 증여세는 약 2,000만 원에 불과했지만, 지금 내야 할 상속재산 70억 원이 50억 원으로 줄어, 상속세 부담은 절반 이하로 떨어졌을 겁니다. 2,000만 원의 실행이

15억 원 이상의 세금을 줄일 수 있었던 거죠."

• 해설 : 승계 설계, '언젠가'가 아닌 '바로 지금' 시작해야 하는 이유

스타트업과 중소기업의 가치는 기하급수적으로 성장한다. 상속·증여세는 재산을 이전하는 '시점'의 가치를 기준으로 과세되므로, '가치가 낮을 때, 하루라도 빨리' 이전하는 것이 절세의 알파이자 오메가가 된다.

○ 3대 승계 전략 : 시간, 제도, 그리고 현금의 활용

전략	구체적 실행 방안
1. 시간 활용(가치 상승 전 증여): 성장 가치 사전 이전	· 10년 주기 증여: 성인 자녀에게 10년간 5,000만 원까지 증여세 없이 증여 가능. (주의) 증여세 비과세 한도 5,000만 원은 10년간 합산 한도다. 2025년에 5,000만 원을 증여했다면, 2035년까지 10년간 자녀에게 추가로 비과세 증여할 수 있는 한도는 '0원'이다. · 조기 증여 효과: 주식 가치가 낮을 때(예: 1억 원) 증여하면, 미래에 100억 원으로 성장해도 그 상승분(99억 원)에 대해서는 세금이 없음.
2. 제도 활용(세법상 특례 활용): 가업승계 증여세 과세특례 활용 (조특법 §30의6)	· 부모가 10년 이상 경영한 기업의 지분을 최대 600억 원까지 10~20%의 낮은 세율로 사전 증여 · 단, 지분율, 대표이사직 유지 등 까다로운 요건을 충족하기 위한 장기적인 사전 준비가 필수
3. 현금 활용(납부재원 확보): 경영권 방어를 위한 유동성 확보	· 전략적 배당 정책: 매년 꾸준한 배당을 통해 상속인들의 현금 자산을 미리 확보 · CEO 종신보험 활용: 회사를 계약자, 대표를 피보험자, 법인 또는 상속인을 수익자로 해서 보험에 가입. 대표 유고 시 지급되는 보험금으로 상속세 납부

○ 주식 가치평가 시점을 '설계'하라

비상장 주식의 가치는 '순손익가치'와 '순자산가치'를 가중평균해서 평가한다. 이는 곧 회사의 실적과 재무상태에 따라 가치가 변동된다는 의미다.

전략적으로 증여 타이밍을 검토해야 한다. 다음과 같은 시점에 주식가치를 재평가하고, 가치가 낮아진 타이밍에 증여를 실행하는 것이 합법적인 절세의 기술이다.

· 대규모 R&D 투자나 신사업 진출로 일시적인 순손실이 발생한 해
· 설비 투자 등 고정자산 취득으로 자산 구조가 바뀐 직후
· 임직원 성과급 지급 등으로 이익 규모가 줄어든 해

• 중장기 승계 설계를 위한 실전 체크리스트

단계	구체적 실행 방안
1. 현황 분석(As-Is)	· 현재 시점의 비상장 주식 가치를 전문가를 통해 정확히 평가 · 창업자 부부의 전체 자산을 파악하고, 예상 상속세액을 시뮬레이션
2. 목표 설정(To-Be)	· 누구에게(자녀, 배우자), 언제, 얼마만큼의 지분을 이전할 것인지 10년 단위의 로드맵을 수립
3. 전략 실행(Execution)	· 가치가 가장 낮은 '지금', 10년 증여세 비과세 한도 내에서 첫 증여를 즉시 실행 · 가업승계 특례 적용을 위한 요건(지분율, 경영 기간 등) 관리 시작 · 상속세 납부재원 마련을 위한 CEO 종신보험 또는 배당 정책 검토
4. 경영권 방어	· 증여 후에도 안정적인 경영권을 유지할 수 있는 지분율(의결권) 유지 계획 수립 · 필요시, 차등의결권 주식 발행 검토(벤처기업 인증 시 도입 가능).

• 마무리 요약

승계는 자산을 단순히 물려주는 상속의 문제가 아니라, 세금을 통제하며 경영권을 지키는 '10년 장기 계획'의 영역이다. 최고의 승계 전략은 오늘, 회사의 가치가 가장 낮은 바로 지금, 자녀의 증권 계좌에 주식 1주를 옮겨주는 것에서 시작될 수 있다.

"세무는 선택이 아니라, 생존이다."

창업은 열정에서 시작되지만, 생존은 숫자에서 결정된다. 그리고 그 숫자를 가장 먼저, 가장 냉정하게 들여다보는 존재가 바로 '세무'다.

이 책은 그런 현실 앞에서, 단순히 세금 이론을 나열하는 대신, '어떻게 실전에서 살아남을 것인가?'를 묻는 여정이었다.

지금까지 읽어온 사람이라면 이미 느꼈을 것이다. 세무란 무겁고 어려운 법조문이 아니라, 우리 회사의 생애주기와 함께 흐르는 '의사결정의 지도'라는 것을 말이다.

법인을 설립할 때, 첫 직원을 뽑을 때, 투자 유치를 앞두고 있을 때, 그리고 회사를 넘기거나 물려줘야 할 때조차도 '지금 내가 어떤 세무 전략을 취하느냐'에 따라 미래는 천차만별로 달라진다.

한 가지 분명한 사실이 있다. 세무는 회계팀이나 세무대리인의 일이 아니다. 창업자이자 대표인 당신이 '이해하고 결정해야 할 전략'이다.

이제 한 권의 책을 덮지만, 진정한 '스타트업 세무산책'은 지금부터 시작이다. 숨 가쁜 성장의 길 위에서, 이 책이 스타트업들의 든든한 세무 나침반이 되기를 진심으로 바란다.

스타트업 세무산책

창업에서 투자, EXIT까지 스타트업을 위한 실전 세무 가이드

제1판 1쇄 2025년 11월 27일

지은이   노기팔, 임방진, 한준호
펴낸이   허연   **펴낸곳**   매경출판(주)
기획제작   ㈜두드림미디어
책임편집   최윤경   **디자인**   얼앤똘비악earl_tolbiac@naver.com
마케팅   한동우 박소라 임성아

매경출판㈜
등록   2003년 4월 24일(No. 2-3759)
주소   (04557) 서울시 중구 충무로 2(필동1가) 매일경제 별관 2층 매경출판㈜
홈페이지   www.mkbook.co.kr
전화   02)333-3577
이메일   dodreamedia@naver.com(원고 투고 및 출판 관련 문의)
인쇄·제본   ㈜M-print   031)8071-0961
ISBN   979-11-6484-828-7 (03320)

책 내용에 관한 궁금증은 표지 앞날개에 있는 저자의 이메일이나
저자의 각종 SNS 연락처로 문의해주시길 바랍니다.